10가지 초월적 은사

The Ten Transcendental Spiritual Gifts

고린도전서 12-14장에 나타난

10가지 초월적 은사

The Ten Transcendental Spiritual Gifts
As Shown in 1 Corinthians, Chapter 12-14

심상효 목사 저
(Authored by Rev. Shim, Sang-hyo)
문정일 장로 역
(Translated by Eld. Moon, Jeong-il)

추천(Recommendations)
김삼환 목사(Rev. Kim, Sam-whan)
장흥길 교수(Prof. Jang, Heung-gil)

나침반

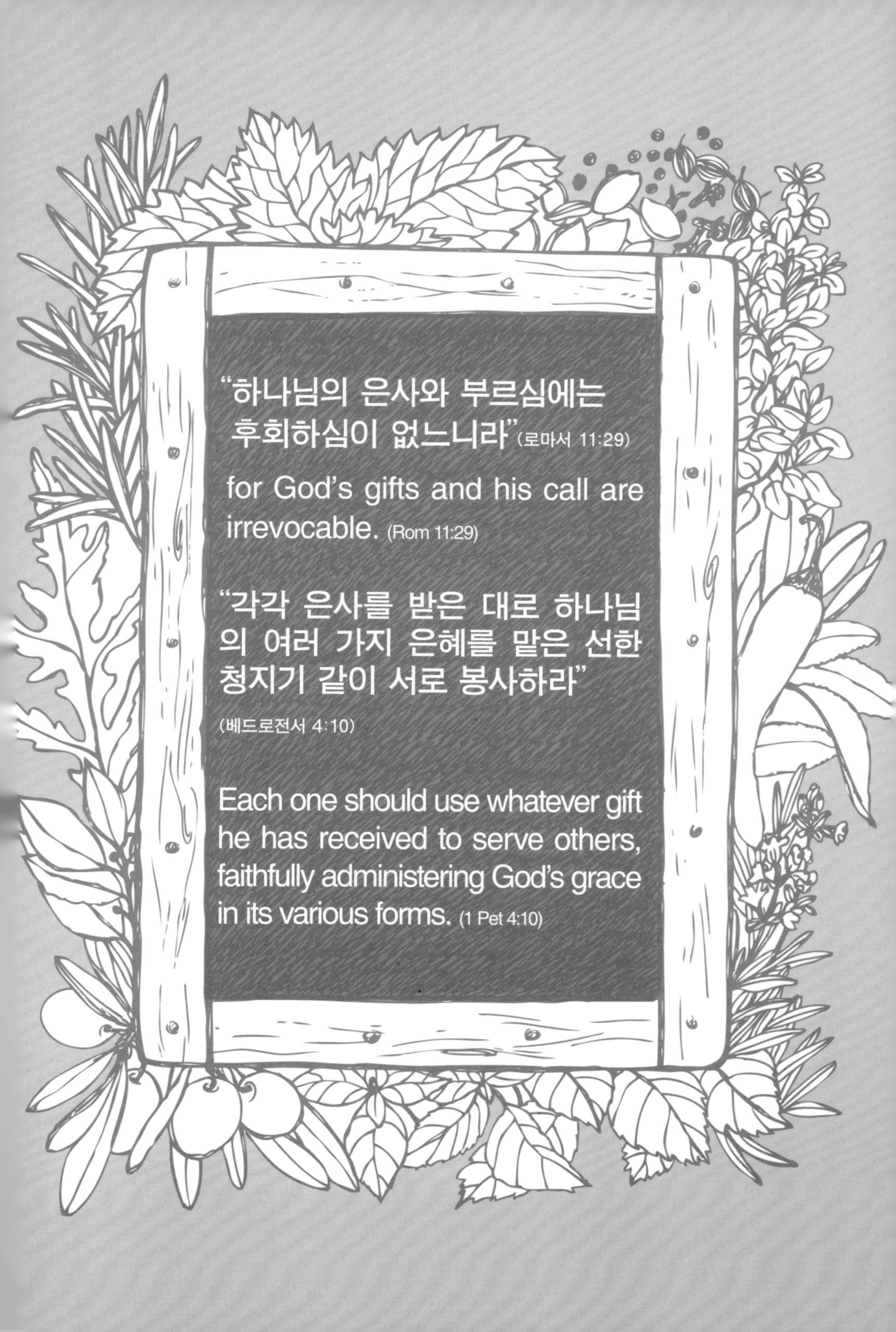
“하나님의 은사와 부르심에는
후회하심이 없느니라”(로마서 11:29)
for God’s gifts and his call are
irrevocable. (Rom 11:29)
“각각 은사를 받은 대로 하나님
의 여러 가지 은혜를 맡은 선한
청지기 같이 서로 봉사하라”
(베드로전서 4:10)
Each one should use whatever gift
he has received to serve others,
faithfully administering God’s grace
in its various forms. (1 Pet 4:10)

The Ten Transcendental Spiritual Gifts

• • •

Now about the gifts of the Spirit, brothers and sisters, I do not want you to be uninformed. You know that when you were pagans, somehow or other you were influenced and led astray to mute idols. Therefore I want you to know that no one who is speaking by the Spirit of God says, "Jesus be cursed," and no one can say, "Jesus is Lord," except by the Holy Spirit. There are different kinds of gifts, but the same Spirit distributes them. There are different kinds of service, but the same Lord. There are different kinds of working, but in all of them and in everyone it is the same God at work. Now to each one the manifestation of the Spirit is given for the common good. To one there is given through the Spirit a message of wisdom, to another a message of knowledge by means of the same Spirit, to another faith by the same Spirit, to another gifts of healing by that one Spirit, to another miraculous powers, to another prophecy, to another distinguishing between spirits, to another speaking in different kinds of tongues, and to still another the interpretation of tongues. All these are the work of one and the same Spirit, and he distributes them to each one, just as he determines. (1 Cor 12:1-11)

Now eagerly desire the greater gifts. And yet I will show you the most excellent way. (1 Cor 12:31)

Therefore, my brothers and sisters, be eager to prophesy, and do not forbid speaking in tongues. But everything should be done in a fitting and orderly way. (1 Cor 14:39-40)

10가지 초월적 은사

· · ·

"형제들아 신령한 것에 대하여 나는 너희가 알지 못하기를 원하지 아니하노니 너희도 알거니와 너희가 이방인으로 있을 때에 말 못하는 우상에게로 끄는 그대로 끌려 갔느니라 그러므로 내가 너희에게 알리노니 하나님의 영으로 말하는 자는 누구든지 예수를 저주할 자라 하지 아니하고 또 성령으로 아니하고는 누구든지 예수를 주시라 할 수 없느니라 은사는 여러 가지나 성령은 같고 직분은 여러 가지나 주는 같으며 또 사역은 여러 가지나 모든 것을 모든 사람 가운데서 이루시는 하나님은 같으니 각 사람에게 성령을 나타내심은 유익하게 하려 하심이라 어떤 사람에게는 성령으로 말미암아 지혜의 말씀을, 어떤 사람에게는 같은 성령을 따라 지식의 말씀을, 다른 사람에게는 같은 성령으로 믿음을, 어떤 사람에게는 한 성령으로 병 고치는 은사를, 어떤 사람에게는 능력 행함을, 어떤 사람에게는 예언함을, 어떤 사람에게는 영들 분별함을, 다른 사람에게는 각종 방언 말함을, 어떤 사람에게는 방언들 통역함을 주시나니 이 모든 일은 같은 한 성령이 행하사 그의 뜻대로 각 사람에게 나누어 주시는 것이니라"(고전 12:1-11)

"너희는 더욱 큰 은사를 사모하라 내가 또한 가장 좋은 길을 너희에게 보이리라"(고전 12:31)

"그런즉 내 형제들아 예언하기를 사모하며 방언 말하기를 금하지 말라 모든 것을 품위 있게 하고 질서 있게 하라"(고전 14:39-40)

추천서 Recommendation - 1

신앙생활이 더욱 풍성해집니다

심상효목사님은 말씀을 기초로 해서 은사에 대한 올바른 설명과 함께 은사를 어떻게 사용해야 하는지에 대한 성경적인 방향을 잘 제시하고 있습니다.

저는 이 책을 읽으면서 한국교회를 향한 심목사님의 뜨거운 사랑과 열정이 참 많이 느껴졌습니다.

심상효목사님은 저의 친구요 동역자이며 특별히 저와 함께 명성교회를 섬길 때 저희 교회에 영적으로 많은 도움을 주었습니다.

이번에 심목사님이 출간하는 이 책을 통해서 한국교회가 더욱 건강하게 세워지고 성도님들의 신앙생활이 더욱 풍성해질 수 있으리라 확신합니다.

- 명성교회 김삼환 목사

Rev. Shim, Sang-hyo, the author of this booklet, shows well the biblical direction of spiritual gifts on the basis of the Bible and how to use spiritual gifts with the proper explanation of them. While reading this book, I have felt Rev. Shim's passionate love and warmth for the Korean Church. Rev. Shim is one of my former friends and co-workers who helped me in many ways in terms of spiritual works while he worked for me at our Myungsung Church many years ago. I firmly believe that the Korean Church will be strengthened and that the believers' life of faith will be more abundant through this book.

- Rev. Kim, Sam-whan(Senior Pastor, Myungsung Presbyterian Church)

은사에 대한 바른 이해를 전합니다

이 책자를 저술하신 심상효 목사님은 오래 전 대학원 재학 시절에 필자에게 석사학위 논문 지도를 받았던 분이십니다. 필자가 보기에 심 목사님께는 성도들이 성령께서 주시는 은사에 대하여 잘못아는 것에 대한 안타까움이 있는 것 같습니다. 그뿐만이 아니라 은사에 대한 바른 이해를 전하려는 저자의 열정 또한 나타납니다. 부분적으로는 성경적으로, 또 신학적으로 접근하기 어려운 면이 없지 않으나, 전체적으로 볼 때 심 목사님이 경험하신 목회적 관점에서 또 경험적 차원에서 성령께서 주시는 은사에 대하여 올바르게 이해하고 해석하려는 저자의 노력과 열정이 돋보입니다.

아무쪼록, 이 책자를 읽는 모든 독자들이 이 책자를 통하여 저자의 의도대로 하나님의 은혜로 믿음과 성령이 충만하게 된다면, 하나님께서 영광을 받으실 줄 믿습니다.

- 광나루 선지동산에서 장흥길(장신대 교수)

As I remember, Rev. Shim thought it was a shame that some believers misunderstood the spiritual gifts given by the Holy Spirit. Moreover, I can notice his passions in order to initiate the right understanding of spiritual gifts.

On the whole, Rev. Shim's intention to transmit the proper understanding and interpretation seems to be conspicuous according to the viewpoint of his own pastoral experience and empirical level, even though there might be some difficult points for us to access this topic biblically or theologically, I hope that all the readers of this book will be full of faith and the Holy Spirit, and they will glorify God as the author intended for through this book.

- Prof. Jang, Heung-gil(Professor, Presbyterian Univ. and Theological Seminary)

Prologue

We are born as a natural man at birth

'The person born as a wild olive tree' (Rom 11:24) is to be born with a self-centered instinct and ability. Ability is connected with his aptitude that solves his living, and it is deeply involved in earning money.

The moment we are born as a child of God in Jesus Christ, we are saved and the Holy Spirit begins to stay within us. Now, self-centered life undergoes a complete change into Christ-centered life. The Holy Spirit within us is an eternal being and stays with us eternally. Salvation once given is an eternal salvation like the doctrine of Calvin, and the Holy Spirit leads us to Heaven just as a tow truck hauls a broken car, finally fulfilling salvation.

In contrast, the pneumatology in the Acts of the Apostles is related to the salvation of others rather than that of one's own self. Ascending to heaven, Jesus said, "You will receive power when the Holy Spirit comes on you; and you will be my witnesses in Jerusalem, and in all Judea and Samaria, and to the ends of the earth" (Acts 1:8), and ordered them to preach the gospel.

The pneumatology that St. Paul emphasized is in gear with mission work. St. Paul's message says, "Do not put out the Spirit's fire" (1 Thes 5:19) was a warning that the Spirit's fire for the salvation of others may be put out in case that prayers, God's words, and piety disappear.

In short, through Peter's confession of faith (Matt 16:16), not only Peter but also all the people who confessed their belief are saved and become members of a church which the gates of Hades will not overcome, and they

프롤로그

우리는 태어날 때 자연인으로 태어납니다

'돌감람나무로 태어난 사람'(롬 11:24)은 자기중심의 본능과 재능을 갖고 태어납니다. 재능은 먹고 살 수 있는 소질과 연관되어 있으며 돈 버는 것과 관련이 깊습니다.

우리가 예수 그리스도 안에서 하나님의 자녀로 다시 태어나는 순간, 구원을 받을 뿐 아니라 성령님의 내주(內住)하심이 시작됩니다. 그 후로는 삶의 중심이 자기중심에서 예수 중심으로 전환이 됩니다. 내 안에 계신 성령님은 영원한 분으로 영원까지 함께 하십니다. 한 번 구원은 영원한 구원이며 칼빈의 교리처럼 하나님께서 성도를 견인(牽引)하셔서 우리가 망가진다 할지라도 차를 견인하듯 천국까지 인도하시며 구원을 이루십니다. 이에 비해 사도행전의 성령론은 자기 구원뿐 아니라 타인 구원과 연결되어 있습니다.

예수님은 승천하시면서 "오직 성령이 너희에게 임하시면 너희가 권능을 받고 예루살렘과 온 유대와 사마리아와 땅끝까지 이르러 내 증인이 되리라"(행 1:8) 말씀하시며 제자들에게 전도를 명하셨습니다.

바울이 강조한 성령론은 특히 선교와 맞물려 있습니다. "성령을 소멸하지 말며"(살전 5:19)라는 의미는 기도와 말씀, 경건의 시간이 사라질 때 타인 구원을 위한 성령님의 능력(불)이 꺼질 수 있음을 경고한 것이라 볼 수 있습니다.

요약하면, 예수님을 그리스도로 믿고 고백한 베드로처럼(마 16:16), 신앙고백한 모든 사람은 구원을 받으며 음부의 권세가 흔들지 못하는 교회의 일원이 되어 영원한 천국을 보장 받게 됩니다. 한마디로 은혜입니다. 하지만 사도행전의 성령론은 소멸 가능성을 시사하고 있으며 이

were guaranteed the eternal kingdom. In a word, this means divine grace. However, the pneumatology in the book of Acts suggests the possibility of extinction, and this can be interpreted to be the Spirit's fire for the working of salvation of others rather than that of one's own self.

Christianity, which was officially approved by the Roman Empire, reached the great conclusion through seven ecumenical meetings that Jesus is a true God (vere Deus) and a true man(vere homo) who is free from guilt. The reason Jesus is referred to by more than 200 names in the Bible (e.g. Shepherd, Resurrection, Life, Way, Grapevine, etc) is that he is a figure and property which can hardly be decided in a word. Likewise, the Holy Spirit is eternal, extinguishable, and personal, and often described as a material being as well. (Eph 5:18b Instead, be filled with the Spirit.) Just as Jesus is mysterious, the Holy Spirit is too mysterious to be limited to man's language.

This book is intended for believers, who came into church, to approach the role of believers and discover their spiritual gifts after they accepted Jesus and gained salvation just as St. Paul understood the Church through his own body. Particularly above all, the writer intended to deal with transcendental spiritual gifts as shown in 1 Corinthians, chapters 12 through 14 and to help the ignorant denominations and churches so that they would not misunderstand or misuse spiritual gifts and become confused like the Church in Corinth.

Shim, Sang-hyo, Author

것은 자기 구원이 아닌 타인 구원 사역을 위한 성령의 불로 해석될 수 있습니다.

로마 제국으로부터 공인을 받은 기독교가 일곱 번의 에큐메니칼 공의회를 거쳐 예수님은 '참 하나님'(vere Deus)이시요 '참 인간'(vere homo)이시면서 죄는 없으시다는 대결론에 도달했습니다. 성경에서 예수님을 200여 가지(예; 목자, 부활, 생명, 길, 포도나무...)로 비유적으로 표현한 것은 예수님께서 한마디로 단정 지을 수 없는 모습과 속성을 지니셨기 때문입니다.

이처럼 성령님도 영원하시면서, 소멸될 수도 있으며, 인격적이면서, 때로는 '물질'적인 모습으로 표현되고 있습니다(엡 5:18 "오직 성령의 충만을 받으라") 예수님이 비밀이신 것처럼 성령님도 인간의 언어로 한정하기에는 신비이십니다.

이 글은 신자가 예수님을 영접하고 구원받은 이후에, 사도 바울에 의해 몸으로 이해된 교회에 들어온 신자의 역할과 은사에 관해 다루려고 합니다. 필자는 그중에서도 특별히 고린도전서 12장에서 14장까지에 나타난 성령님의 초월적 은사를 다루면서, 고린도 교회처럼 은사를 오해하거나 오용하여 혼란스런 교회가 되지 않고, 다른 한편 은사에 무지한 교파나 교회가 되지 않도록 기독교인들에게 도움을 주고자 집필하였습니다.

저자 심상효

목차 / CONTENTS

제1장

은사론

The Theory of Spiritual Gift

1. THE CONCEPTION OF SPIRITUAL GIFT

A spiritual gift is 'charisma' in Greek. 'Charis' means 'grace' and 'ma' stands for a suffix meaning plural form. When we look into the meaning, a spiritual gift means the second nature that was formed by receiving abundant grace. While the ability mentioned above has something to do with life and living, spiritual gift is God's present for serving the church which is far from earning money.

With regard to this, we can think of two things in terms of the gift of the Holy Spirit. One is that the moment we believe in Jesus and become a Christian through baptism, everyone of us comes to have his own function for the church which is the body of Christ. The other is that since it is God's gift which comes into being in the midst of abundant grace, we must notice that a spiritual gift simply does not necessarily come after being saved. We are given a body at birth. If we use our fingers continuously, we can play the piano well or produce nice clothes. Likewise, when we come to church, we are to have a role and if only we continuously develop it, we will receive a spiritual gift.

In the four gospels, Jesus' disciples already confessed with their mouth (Matt 16:16; Mark 8:29; Luke 9:20) and were baptized (John 4:2), but in chapters 1 and 2 Acts, another feature of the saved 12 apostles on a different level appears. Here we find another form of the presence, fulfillment, ministry, and power of the Holy Spirit quite different from the Holy Spirit of salvation. The phrase 'spiritual gift', in terms of the original

1. 은사의 개념

'은사'란 헬라어로 '카리스마'(charisma)입니다.

'카리스'(charis)는 '은혜'란 뜻이고 '마'('ma')는 중성 복수(複數)를 뜻하는 어미(語尾)입니다. 그 뜻을 고려해보면, 은사란 은혜를 많이 받아서 생겨난 제 2의 천성입니다. 앞서 언급한 재능이 생활이나 생계와 관련되어 있다면, 은사란 돈 버는 것과는 상관없는 교회 봉사를 위한 하나님의 선물입니다.

그런 점에서 성령의 은사는 두 가지 측면을 생각해 볼 수 있습니다. 하나는, 그리스도인은 예수님을 믿고 세례를 받아 교인이 되는 순간 그리스도의 몸 된 교회에서 각자의 기능을 갖는다는 것입니다. 다른 하나는, 은사란 은혜를 받을 때 생겨나는 하나님의 선물이기는 하지만 단순히 구원 이후에 주어지는 것이 아니라는 점을 주목해야 합니다. 우리가 태어나면 신체가 주어집니다. 만약 그 신체 중 손가락을 계속 사용해서 피아노를 잘 치거나 옷을 잘 만들 수도 있습니다. 이처럼 교회 안에 들어오면 역할이 생기고 이를 계속해서 발전시키면 은사가 됩니다.

예수님의 제자들도 복음서에서 이미 예수를 구주로 시인하고(마 16:16; 막 8:29; 눅 9:20) 세례도 받았지만(요 4:2) 사도행전 1장과 2장에서 보면 구원 받은 것과 다른 차원의 12사도의 모습이 등장합니다. 구원의 성령과는 다른 형태의 성령의 임재와 충만과 사역과 권능을 확연히 찾아볼 수 있습니다. 은사란 원어적 의미로 고찰하면 왕이 승전 후 전리품을 나누어주는 것입니다. 은사란 선물입니다.

language, means that a king distributes booty after victory. A spiritual gift is a present from God.

2. The Object of Spiritual Gift

Taking a look at 1 Corinthians, Chapter 12, known as the chapter of spiritual gifts, we find different kinds of spiritual gifts (charismata) in verse 4, different kinds of service (diaconia) in verse 5, and different kinds of working (energemata) in verse 6. When we compare this with a building, 'service' corresponds to a 'man,' 'spiritual gift' to an 'instrument' and 'working' to 'volition.'

Through this spiritual gift, service and working, the Lord wants to build the church and no distinction exists between spiritual gifts just as the role of each part of the body (eyes, nose, mouth, ears, hands, feet, etc) is each important and valid. The Holy Spirit distributes a suitable spiritual gift to each one for the glory of God.

3. The Kind of Spiritual Gift

3-1 Spiritual Gifts in the Bible

(1) 1 Corinthians 12:4-11—The words of wisdom, the words of knowledge, faith, the spiritual gift of healing diseases, performing of power, the spiritual gift of prophecy, distinction of spirits, different kinds of speaking in tongues, and the interpretation of speaking in tongues. (9 items)

2. 은사의 목적

'은사장'으로 알려진 고린도전서 12장을 살펴보면, "은사(카리스마타)는 여러 가지나"(4절), "직분(디아코니아)는 여러 가지나"(5절), "사역(에네르게마타)은 여러 가지나"(6절)로 표기되어 있습니다. 이를 건물에 비유한다면, '직분'은 '사람'을, '은사'는 '도구'를, '사역'은 '의욕'이라고 말할 수 있습니다.

이 은사와 직분과 사역을 통해 주님은 교회를 세우고자 하시며 몸 각자의 역할, 즉 눈, 코, 입, 귀, 손, 발 등 모든 지체가 소중하고 유효하듯, 은사에 차별은 없으며 성령께서 각자에게 맞도록 분배하여 하나님께 영광 돌리게 하십니다.

3. 은사의 종류

3-1 성경에 나타난 은사의 종류

(1) 고린도전서 12장 4-11절 : 지혜의 말씀, 지식의 말씀, 믿음, 병 고치는 은사, 능력 행함, 예언, 영들 분별함, 각종 방언, 방언통역(9가지)

(2) 1 Corinthians 12:27-30—Apostles, prophets, teachers, performers of power, the spiritual gift of healing diseases, helping with each other, governing, different kinds of speaking in tongues, interpretation of speaking in tongues (9 items)
(3) 1 Corinthians 12:31-13:13—Love
(4) Romans, 12:5-8—Prophecy, serving, teaching, encouraging, contributing to the needs of others, governing, showing mercy (6 items)
(5) Ephesians 4:11—Apostles, prophets, evangelists, pastors and teachers (4 items)
(6) 1 Corinthians 7:7—The spiritual gift of celibacy
(7) 1 Corinthians 13:3—The spiritual gift of honest poverty(voluntary fondness of poverty like that of St.Francesco)
(8) 1 Corinthians 13:3—The spiritual gift of martyrdom
(9) 1 Peter 4:9-10—Gift of offering hospitality (26 items in all except for duplicated gifts)

3-2 The Spiritual Gift of Service

(1) Apostles ('apostolos' means 'having been sent')—The condition of an apostle includes three years of traveling together with Jesus, witnessing of the cross and resurrection of Jesus. (Act 1:22). With regard to this, the apostles of the four gospels are limited to the 12 apostles whom Jesus sent. The apostles in Acts were those who were sent by the church like Paul and Barnabas. We can notice that the use of the names of the apostles underwent a change in terms of its conception in that the disciples of the four gospels refer to the 12 apostles while the disciples in Acts refer to the people who believe in Jesus.

(2) 고린도전서 12장 27-30절 : 사도, 선지자, 교사, 능력 행하는 자, 병 고치는 은사, 서로 돕는 것, 다스리는 것, 각종 방언, 방언통역(9가지)
(3) 고린도전서 12장 31절 - 13장 13절 : 사랑
(4) 로마서 12장 5-8절 : 예언, 섬기는 일, 가르치는 자, 위로하는 자, 구제하는 자, 다스리는 자, 긍휼을 베푸는 자(6가지)
(5) 에베소서 4장 11절 : 사도, 선지자, 복음 전하는 자, 목사와 교사(4가지)
(6) 고린도전서 7장 7절 : 독신의 은사
(7) 고린도전서 13장 3절 : 청빈의 은사(성 프란체스코와 같이 자발적으로 가난이 좋은 것)
(8) 고린도전서 13장 3절 : 순교의 은사
(9) 베드로전서 4장 9-10절 : 접대의 은사

중복된 은사를 제외하면 모두 26가지입니다.

3-2 직분의 은사

(1) 사도(아포스톨로스: '보냄을 받았다') : 사도의 조건은 예수님과 함께 다니던 사람이며, 십자가와 부활의 목격 및 증언자이어야 합니다(행 1:22). 그런 면에서 복음서의 사도는 예수님이 파송하신 12사도로 제한되어 있습니다(마 10:2-4; 막 3:13-19; 눅 6:12-16). 사도행전의 사도는 바울과 바나바와 같이 부활하신 예수님의 증인으로서 교회에서 파송한 사도도 포함됩니다. 복음서의 제자는 12사도를, 사도행전의 제자는 예수 믿는 사람을 지칭하듯이 사도 명칭 사용에 있어서 개념의 변천이 있었음을 주의할 필요가 있습니다.

(2) Prophets—In the Old Testament, prophets appear as those who are in charge of the prophecy for the Israeli race, and in the New Testament, they are those whom God nominated for the virtuous conduct of churches, and who are in charge of working for consolation and hope.

(3) Evangelists—Deacon Philip, revealed in Acts, is an example of an evangelist who preached Christ to non-believers.

(4) Pastors and teachers—These people are those who teach and take good care of the believers in the church. Revivalists are those who have the spiritual gift of teaching believers and pastors have both gifts.

(5) Governing—This has the meaning of a 'captain.' The governing and leadership in a church comes out of serving. Those who govern should be diligent and prudence is important for them.

43 Not so with you. Instead, whoever wants to become great among you must be your servant, 44 and whoever wants to be first must be slave of all. 45 For even the Son of Man did not come to be served, but to serve, and to give his life as a ransom for many.(Mark 10:43-45)

8 if it is to encourage, then give encouragement; if it is giving, then give generously; if it is to lead, do it diligently; if it is to show mercy, do it cheerfully. (Rom 12:8)

(6) Serving(Diaconia)—The word 'deacon' originated from this word.

(7) Authority—"Those who comfort near by,""authorities"

He calls on a person who has a problem and encourages the disappointed man through counseling.

36 Joseph, a Levite from Cyprus, whom the apostles called Barnabas (which means Son of Encouragement) (Act 4:36)

(8) Pity—People help those who have spiritual and physical problems.

(9) Relief—People help those who are in financial need.

(2) 선지자 : 구약에서는 이스라엘 민족의 예언을 담당한 자로 나타나 있으며 신약의 선지자는 교회 건덕을 위해 하나님께서 세우신 자로 훈련을 통해 위로와 소망의 사역을 감당하는 자입니다.

(3) 복음 전하는 자 : 사도행전 8장에 나오는 빌립 같이 불신자를 대상으로 예수 그리스도를 전하는 자입니다.

(4) 목사와 교사 : 교인을 잘 가르치고 돌보는 자입니다. 부흥사는 교인을 잘 가르치는 은사가 주어진 분이며 목사는 교인을 잘 돌보고 양육하는 은사를 지닌 분으로 두 가지 모두를 겸비할 수 있습니다.

(5) 다스림 : '선장'이라는 의미를 지니고 있습니다. 교회의 다스림과 통솔력은 섬김에서 나옵니다. 다스리는 사람은 부지런해야 하며 분별력이 중요합니다.

"너희 중에는 그렇지 않을지니 너희 중에 누구든지 크고자 하는 자는 너희를 섬기는 자가 되고 너희 중에 누구든지 으뜸이 되고자 하는 자는 모든 사람의 종이 되어야 하리라 인자가 온 것은 섬김을 받으려 함이 아니라 도리어 섬기려 하고 자기 목숨을 많은 사람의 대속물로 주려 함이니라"(막 10:43-45)

"혹 위로하는 자면 위로하는 일로, 구제하는 자는 성실함으로, 다스리는 자는 부지런함으로, 긍휼을 베푸는 자는 즐거움으로 할 것이니라"(롬 12:8)

(6) 섬김(diaconia) : 봉사(service)를 뜻하는 말인데 여기에서 '집사'라는 말이 유래하였습니다.

(7) 권위 : "옆에서 위로하는 자", "권위자"

문제 있는 사람을 심방하거나 상담을 통해 낙심한 성도가 용기를 얻도록 해줍니다.

"구브로에서 난 레위족 사람이 있으니 이름은 요셉이라 사도들이 일컬어 바나바라(번역하면 위로의 아들이라)하니"(행 4:36)

(8) 긍휼 : 정신적, 육체적 문제가 있는 사람을 돕습니다.

(9) 구제 : 경제적으로 어려운 사람을 돕습니다.

(10) Being able to do little by little also means a spiritual gift—A duck once attended a school for animals. It could neither swim, fly, nor run well. After the school was over, he was forced to run, but since its crotch was torn, it could not swim to say nothing of running. Being able to do little by little also means spiritual gift.

(11) In addition to what was enumerated above, there might be many more diverse spiritual gifts. Just as a man can live an easy life when he finds his talent and makes the best use of it, so a man's serving becomes interesting and effective when he is used according to his spiritual gift.

7 When Jotham was told about this, he climbed up on the top of Mount Gerizim and shouted to them, "Listen to me, citizens of Shechem, so that God may listen to you. 8 One day the trees went out to anoint a king for themselves. They said to the olive tree, 'Be our king.'9 "But the olive tree answered, 'Should I give up my oil, by which both gods and humans are honored, to hold sway over the trees?'10 "Next, the trees said to the fig tree, 'Come and be our king.'11 "But the fig tree replied, 'Should I give up my fruit, so good and sweet, to hold sway over the trees?'12 "Then the trees said to the vine, 'Come and be our king.'13 "But the vine answered, 'Should I give up my wine, which cheers both gods and humans, to hold sway over the trees?'14 "Finally all the trees said to the thornbush, 'Come and be our king.'(Judg 9:7-14)

(10) 조금씩 할 줄 아는 것도 은사입니다.

오리가 동물학교 수업을 받았습니다. 수영도 잘 못하고, 날지도 못하고, 달리기도 잘 하지 못합니다. 방과 후 달리기 연습을 시켰는데 가랑이가 찢어져서 달리기는 물론 수영조차 못했다고 합니다. 하지만 조금씩 할 줄 아는 것도 은사입니다.

(11) 위에 열거한 것 이외에도 다양한 은사의 종류가 있을 수 있습니다. 재능을 발견하고 재능을 살리면 세상이 쉽듯이 은사대로 쓰임받을 때 교회 섬김이 재미있고 효과가 큽니다.

"사람들이 요담에게 그 일을 알리매 요담이 그리심 산 꼭대기로 가서 서서 그의 목소리를 높여 그들에게 외쳐 이르되 세겜 사람들아 내 말을 들으라 그리하여야 하나님이 너희의 말을 들으시리라 하루는 나무들이 나가서 기름을 부어 자신들 위에 왕으로 삼으려 하여 감람나무에게 이르되 너는 우리 위에 왕이 되라 하매 감람나무가 그들에게 이르되 내게 있는 나의 기름은 하나님과 사람을 영화롭게 하나니 내가 어찌 그것을 버리고 가서 나무들 위에 우쭐대리요 한지라 나무들이 또 무화과나무에게 이르되 너는 와서 우리 위에 왕이 되라 하매 무화과나무가 그들에게 이르되 나의 단 것과 나의 아름다운 열매를 내가 어찌 버리고 가서 나무들 위에 우쭐대리요 한지라 나무들이 또 포도나무에게 이르되 너는 와서 우리 위에 왕이 되라 하매 포도나무가 그들에게 이르되 하나님과 사람을 기쁘게 하는 내 포도주를 내가 어찌 버리고 가서 나무들 위에 우쭐대리요 한지라 이에 모든 나무가 가시나무에게 이르되 너는 와서 우리 위에 왕이 되라 하매"(삿 9:7-14)

제2장

초월적 은사

Transcendental Spiritual Gifts

1. The Classification of Transcendental Spiritual Gifts

Transcendental spiritual gifts are divided into the three categories as follows:

(1) The spiritual gift of thinking—The words of wisdom, the words of knowledge, the distinction of spirits

(2) The spiritual gift of sound—Speaking in tongues, prophecy, interpretation of tongues

(3) The spiritual gift of the power—faith, ability, God's healing

2. The Nine Transcendental Spiritual Gifts

2-1 The Words of Wisdom

(1) What's wisdom?

① It's a hearing heart—Satan stuffs man's ears and makes him stupid.

9 So give your servant a discerning heart to govern your people and to distinguish between right and wrong. For who is able to govern this great people of yours?(1 King 3:9)

Satan fills up man's ears and makes him foolish.

4 Their venom is like the venom of a snake, like that of a cobra

1. 초월적 은사의 분류

초월적 은사는 크게 세 가지로 나타납니다.

(1) 생각의 은사 : 지혜의 말씀, 지식의 말씀, 영 분별
(2) 소리의 은사 : 방언, 예언, 통역
(3) 권능의 은사 : 믿음, 능력, 신유

2. 9가지 초월적 은사

2-1 지혜의 말씀

(1) 지혜란?

① 듣는 마음입니다.

"누가 주의 이 많은 백성을 재판할 수 있사오리이까 듣는 마음을 종에게 주사 주의 백성을 재판하여 선악을 분별하게 하옵소서"(왕상 3:9)

사탄은 사람의 귀를 막아 어리석게 만듭니다.

"그들의 독은 뱀의 독 같으며 그들은 귀를 막은 귀머거리 독사 같으니"(시 58:4)

that has stopped its ears, (Psalm 58:4)

② It distinguishes good from evil. When one is short of wisdom, something bad looks good to him and something oblique seems to be beautiful to him.

③ It makes the most of time. A foolish man wastes time unsparingly.

12 Teach us to number our days, that we may gain a heart of wisdom. (Psalm 90:12)

16 making the most of every opportunity, because the days are evil. (Ephe 5:16)

④ It knows the order of priority.

⑤ It perceives visions and dreams.

17 To these four young men God gave knowledge and understanding of all kinds of literature and learning. And Daniel could understand visions and dreams of all kinds. (Daniel 1: 17)

(2) Intelligence has a strong meaning that one has a smart brain. When one gets old, his wisdom may increase, but his intelligence is apt to become dark. His brain does not work properly. Accordingly, as one becomes old, he needs to have intelligence like Daniel.

(3) What if one is without wisdom?

① One pretends to be wise, himself.

② One twists others' words. For instance, when one's parents tell their child to study hard, the child misunderstands that they say so for their declining years. Even if he listens to a pastor's preaching, he grinds his teeth like the audience of Stephen. (Act 7:54)

(4) In Proverbs, some intelligent animals are found.

② 선과 악을 구분합니다.

지혜가 부족하면 나쁜 것이 좋아 보입니다. 삐딱한 삶이 멋있어 보입니다.

③ 세월을 아낍니다.

어리석은 사람은 시간을 물 쓰듯 허비합니다.

"우리에게 우리 날 계수함을 가르치사 지혜로운 마음을 얻게 하소서"(시편 90:12)

"세월을 아끼라 때가 악하니라"(엡 5:16)

④ 우선순위를 압니다.

⑤ 환상과 꿈을 깨달아 압니다.

"하나님이 이 네 소년에게 학문을 주시고 모든 서적을 깨닫게 하시고 지혜를 주셨으니 다니엘은 또 모든 환상과 꿈을 깨달아 알더라"(단 1:17)

(2) 총명은 '머리가 좋다'는 의미가 강합니다.

나이가 들면 지혜는 좋아지는데 총명이 어두워지기 쉽습니다. 두뇌 회전이 잘 안됩니다. 그러므로 나이가 들수록 다니엘 같은 총명이 있어야 합니다.

(3) 지혜가 없으면

① 스스로 지혜롭게 여깁니다.

② 곡해합니다.

가령 '부모가 공부하라'는 권면이 '부모가 자신들의 노년을 대비하기 위한 말'로 들립니다. 설교를 들어도 스데반의 설교시 청중처럼 이를 갑니다(행 7:54).

(4) 잠언에 나타난 지혜로운 동물이 있습니다.

24 Four things on earth are small, yet they are extremely wise: 25 Ants are creatures of little strength, yet they store up their food in the summer; 26 hyraxes are creatures of little power, yet they make their home in the crags; 27 locusts have no king, yet they advance together in ranks; 28 a lizard can be caught with the hand, yet it is found in kings'palaces. (Prov 30:24-28)

① An ant—It prepares its food during the summer time. Something needs to be provided for during summer in order to have happiness during the winter of human life. God will provide daily food for us, of course.(Luk 11:3) In the Sermon on the Mount, Jesus said, "Do not worry about your food, clothing, and shelter. Do not worry about tomorrow."(Matt 6:25-34) We can notice that Jesus did not perform a miracle indiscriminately, judging from the fact that Iscariot Judas was in charge of a cash box. And he taught people how to pray for daily food in the Lord's Prayer. When we read the Bible, we should see that Jesus requires the sincerity of an ant in the Book of Proverbs while he emphasizes faith in the Sermon on the Mount.

② A coney—This one belongs to the family of badger living in the region from the Dead Sea to Lebanon. A coney is timid but builds its house between the rocks in order to protect itself.
23 Then I will tell them plainly, 'I never knew you. Away from me, you evildoers!'24 Therefore everyone who hears these words of mine and puts them into practice is like a wise man who built his house on the rock. (Matt 7:23-24)

③ A locust—Locusts are moving forward in order even though they

"땅에 작고도 가장 지혜로운 것 넷이 있나니 곧 힘이 없는 종류로되 먹을 것을 여름에 준비하는 개미와 약한 종류로되 집을 바위 사이에 짓는 사반과 임금이 없으되 다 떼를 지어 나아가는 메뚜기와 손에 잡힐 만하여도 왕궁에 있는 도마뱀이니라"(잠 30:24-28)

① 개미 : 먹을 것을 여름에 준비합니다. 인생의 겨울이 행복하려면 여름에 예비해야 합니다. 물론, 하나님은 우리에게 날마다 양식을 주실 것입니다(눅 11:3). 예수님은 '의식주를 염려하지 말라', '내일을 염려하지 말라'고 산상수훈에서 말씀하셨습니다(마 6:25-34). 하지만 예수님은 주기도문에서 양식을 위한 기도도 가르치셨습니다. 성경을 일방적으로 읽지 말고 주님은 우리에게 잠언에서 개미의 성실을 요구하시는 반면, 산상수훈에서는 믿음을 강조하고 있음을 간파해야 합니다.

② 사반 : 사해에서 레바논에 이르는 지역에 사는 오소리과 동물입니다. 사반은 겁이 많지만 스스로의 안전과 보호를 위해 바위 사이에 집을 짓습니다.

"그 때에 내가 그들에게 밝히 말하되 내가 너희를 도무지 알지 못하니 불법을 행하는 자들아 내게서 떠나가라 하리라 그러므로 누구든지 나의 이 말을 듣고 행하는 자는 그 집을 반석 위에 지은 지혜로운 사람 같으리니"(마 7:23-24)

③ 메뚜기 : 임금이 없음에도 불구하고 질서 있게 나아갑니다. 일반적으로 지도자가 없으면 우왕좌왕합니다. 사사시대에는 왕이 없으므로 자기소견에 옳은 대로 행했습니다(삿 21:25). 그것이 사사시대의 문제점이었습니다.

"그 때에는 이스라엘에 왕이 없었으므로 사람마다 자기 소견에 옳은 대로 행하였더라"(삿 17:6)

don't have their king. Generally speaking, a group is moving around in confusion without a leader. In the era of Judges, they had no king, so they did according to their way which they thought was right. (Judg 21:25) That was the problem back then.

6 In those days Israel had no king; everyone did as they saw fit. (Judg 17:6)

A proverb says "An army corps of rabbits led by a lion is better than an army corps of lions led by a rabbit."

④ A lizard—This one slaughters and eats spiders and insects with its poisonous feet, piercing out walls. Its living power, its boldness living in the royal palace (Prov 3:28), and its rapidity and escaping capabilities are regarded as wisdom in the Book of Proverbs.

(5) In the Bible, some unwise animals are found.

① A crocodile—It symbolizes the king of Egypt and means arrogance. It is proud of its own power.

2 Son of man, take up a lament concerning Pharaoh king of Egypt and say to him: You are like a lion among the nations; you are like a monster in the seas thrashing about in your streams, churning the water with your feet and muddying the streams. (Ezek 32:2)

② A horse—It symbolizes a man who obeys a person only when he is whipped.

3 A whip for the horse, a bridle for the donkey, and a rod for the backs of fools! (Prov 26:3)

"한 마리 사자가 이끄는 토끼 군단이 열 마리 토끼가 이끄는 사자 군단보다 낫다."(속담)

④ 도마뱀 : 벽을 뚫고 다니면서 독이 있는 발로 거미, 곤충을 잡아먹습니다. 이와 같은 도마뱀의 생활력, 왕궁에서 사는 담대함, 재빨라서 잘 잡히지 않는 피신 능력을 잠언에서는 지혜로 보았습니다.

(5) 성경에서는 지혜 없는 동물들이 있습니다.

① 악어 : 애굽 왕을 상징합니다. 교만을 의미합니다. 힘을 뽐냅니다.
"인자야 너는 애굽의 바로 왕에 대하여 슬픈 노래를 불러 그에게 이르라 너를 여러 나라에서 사자로 생각하였더니 실상은 바다 가운데의 큰 악어라 강에서 튀어 일어나 발로 물을 휘저어 그 강을 더럽혔도다"(겔 32:2)

② 말 : 맞아야 말을 잘 듣는 사람을 상징합니다.
"말에게는 채찍이요 나귀에게는 재갈이요 미련한 자의 등에는 막대기니라"(잠 26:3)

③ A mule—It behaves thoughtlessly when it is unbridled because it is ignorant but strong.

9 Do not be like the horse or the mule, which have no understanding but must be controlled by bit and bridle or they will not come to you. (Psalm 32:9)

④ A donkey—It is the symbol of energy. This man eats whatever is thought to be good for his stamina regardless whether are earth-worms or centipedes. This indicates a man who loves the pleasures of night.

19 Yet she became more and more promiscuous as she recalled the days of her youth, when she was a prostitute in Egypt. 20 There she lusted after her lovers, whose genitals were like those of donkeys and whose emission was like that of horses. (Ezek 23:19-20)

⑤ A fox—It is the symbol of trick. Its wisdom deteriorates into trick. We have a four-letter idiom of '狐假虎威' in Chinese characters that stands for "a fox in tiger's skin" meaning that a fox behaves frivolously leaning against a tiger behind it. A man becomes tricky because his wisdom has become dark.

5 This is what the Lord says: Cursed is the one who trusts in man, who draws strength from mere flesh and whose heart turns away from the Lord. (Jerem 17:5)

⑥ A partridge—This bird symbolizes a man who gains riches by unjust means.

11 Like a partridge that hatches eggs it did not lay are those who

③ 노새 : 무지(無知)한데 힘이 좋아서 재갈과 굴레를 씌우지 않으면 아무렇게나 행동합니다.

"너희는 무지한 말이나 노새 같이 되지 말지어다 그것들은 재갈과 굴레로 단속하지 아니하면 너희에게 가까이 가지 아니하리로다"(시 32:9)

④ 나귀 : 정력의 상징입니다. 지렁이든 지네든 정력에 좋다고 하면 먹고 봅니다. 밤의 환락을 좋아하는 사람을 가리킵니다.

"그가 그의 음행을 더하여 젊었을 때 곧 애굽 땅에서 행음하던 때를 생각하고 그의 하체는 나귀 같고 그의 정수는 말 같은 음란한 간부를 사랑하였도다"(겔 23:19-20)

⑤ 여우 : 꾀의 상징입니다. 지혜가 변질이 돼서 꾀가 됩니다. 한자 숙어에 호가호위(狐假虎威)란 말이 있습니다. 뒤를 믿고 까부는 것입니다. 인간이 꾀를 내는 것은 지혜가 어두워졌기 때문입니다.

"여호와께서 이와 같이 말씀하시니라 무릇 사람을 믿으며 육신으로 그의 힘을 삼고 마음이 여호와에게서 떠난 그 사람은 저주를 받을 것이라"(렘 17:5)

⑥ 자고새 : 불의로 치부하는 자입니다.

"불의로 치부하는 자는 자고새가 낳지 아니한 알을 품음 같아서 그의 중년에 그것이 떠나겠고 마침내 어리석은 자가 되리라"(렘 17:11)

gain riches by unjust means. When their lives are half gone, their riches will desert them, and in the end they will prove to be fools. (Jerem 17:11)

⑦ An ostrich—An ostrich lays its eggs but never takes care of them. An ostrich means a man who begets his children but never takes care of them.

13 The wings of the ostrich flap joyfully, though they cannot compare with the wings and feathers of the stork. 14 She lays her eggs on the ground and lets them warm in the sand, 15 unmindful that a foot may crush them, that some wild animal may trample them. 16 She treats her young harshly, as if they were not hers; she cares not that her labor was in vain, 17 for God did not endow her with wisdom or give her a share of good sense. (Job 39:13-17)

⑧ A dog—It eats what it vomited. It means a man who repeats committing crimes.

22 Of them the proverbs are true: “A dog returns to its vomit,”and, “A sow that is washed returns to her wallowing in the mud.”(2 Pet 2:22)

⑨ A pig—It is a dirty animal. Wisdom loves cleanliness.

17 But the wisdom that comes from heaven is first of all pure; then peace-loving, considerate, submissive, full of mercy and good fruit, impartial and sincere. (James 3:17)

⑩ A snake—It symbolizes false wisdom.

⑦ 타조 : 알을 낳고 돌보지 않습니다. 자녀를 낳고 돌보지 않는 자입니다.

"타조는 즐거이 날개를 치나 학의 깃털과 날개 같겠느냐 그것이 알을 땅에 버려두어 흙에서 더워지게 하고 발에 깨어질 것이나 들짐승에게 밟힐 것을 생각하지 아니하고 그 새끼에게 모질게 대함이 제 새끼가 아닌 것처럼 하며 그 고생한 것이 헛되게 될지라도 두려워하지 아니하나니 이는 하나님이 지혜를 베풀지 아니하셨고 총명을 주지 아니함이라"(욥 39:13-17)

⑧ 개 : 토한 것을 또 먹습니다. 죄를 반복합니다.

"참된 속담에 이르기를 개가 그 토하였던 것에 돌아가고 돼지가 씻었다가 더러운 구덩이에 도로 누웠다 하는 말이 그들에게 응하였도다"(벧후 2:22)

⑨ 돼지 : 더럽습니다. 지혜는 청결을 좋아합니다.

"오직 위로부터 난 지혜는 첫째 성결하고 다음에 화평하고 관용하고 양순하며 긍휼과 선한 열매가 가득하고 편견과 거짓이 없나니"(약 3:17)

⑩ 뱀 : 거짓 지혜의 상징입니다.

a. 냉혈 동물입니다. 차갑습니다.

b. 거짓말을 잘합니다(혀가 갈라져 있습니다.).

"샘이 한 구멍으로 어찌 단 물과 쓴 물을 내겠느냐"(약 3:11)

c. 사탄의 상징입니다.

"그런데 뱀은 여호와 하나님이 지으신 들짐승 중에 가장 간교하니라 뱀이 여자에게 물어 이르되 하나님이 참으로 너희에게 동산 모든 나무의 열매를 먹지 말라 하시더냐"(창 3:1)

"큰 용이 내쫓기니 옛 뱀 곧 마귀라고도 하고 사탄이라고도 하며 온 천하를 꾀는 자라 그가 땅으로 내쫓기니 그의 사자들도 그와 함께 내쫓기니라"(계 12:9)

a. It is a cold blooded animal. It feels cold.

b. It frequently tells lies. (Its tongue is split.)

11 Can both fresh water and salt water flow from the same spring? (Jacob 3:11)

c. It is the symbol of Satan.

Now the serpent was more crafty than any of the wild animals the Lord God had made. He said to the woman, "Did God really say, 'You must not eat from any tree in the garden'?"(Gen 3:1)

9 The great dragon was hurled down—that ancient serpent called the devil, or Satan, who leads the whole world astray. He was hurled to the earth, and his angels with him. (Rev 12:9)

(6) When one gets the words of wisdom—

① It becomes easy for him to plot sermons.

② He can cope with a critical moment. The gospel of Matthew, chapter 22 says that Jesus got out of the snare in the argument with Pharisees and Herodians, namely, the argument of paying taxes, and that of resurrection.

③ At the time of judgment: Solomon grasped the psychology of women when he identified the real son of a prostitute. When one listens, one can establish one's judgment.

28 When all Israel heard the verdict the king had given, they held the king in awe, because they saw that he had wisdom from God to administer justice. (1 King 3:28)

④ Wisdom is beneficial for achieving success.

The word 'success' appears just once in the Bible.

10 If the ax is dull and its edge unsharpened, more strength is

(6) 지혜의 말씀을 얻게 될 때

① 설교의 구상이 잘됩니다.

② 위기 시(문제 발생시) 헤쳐 나가게 하십니다.

마태복음 22장에 나타난 예수님은 지혜의 말씀으로 바리새인과 헤롯당과의 논쟁 즉 세금 논쟁, 부활 논쟁 등의 올가미를 벗어나셨습니다.

③ 판결 시

솔로몬이 창기의 진짜 자녀를 식별할 때 심리를 파악했습니다. 들을 때 판단이 섭니다.

"온 이스라엘이 왕이 심리하여 판결함을 듣고 왕을 두려워하였으니 이는 하나님의 지혜가 그의 속에 있어 판결함을 봄이더라"(왕상 3:28)

④ 성공하기에 유익합니다.

성경에서 성공이란 말은 단 한 번 나옵니다.

"철 연장이 무디어졌는데도 날을 갈지 아니하면 힘이 더 드느니라 오직 지혜는 성공하기에 유익하니라"(전 10:10)

needed, but skill will bring success. (Eccl 10:10)

(7) The kind of wisdom is diverse.

The wisdom of words (1 Cor 1:17), the wisdom of life, the technique of hands (Exod 31:6) and the technique of making clothes (Exo 28:3) also belong to wisdom. The origin of all kinds of wisdom is Jesus Christ.

6 Moreover, I have appointed Oholiab son of Ahisamak, of the tribe of Dan, to help him. Also I have given ability to all the skilled workers to make everything I have commanded you: (Exod 31:6)

10 The fear of the Lord is the beginning of wisdom, and knowledge of the Holy One is understanding. (Prov 9:10)

(8) How to get wisdom.

① Ask with prayers.

5 If any of you lacks wisdom, you should ask God, who gives generously to all without finding fault, and it will be given to you. (James 1:5)

② Read the words of God. The Books of poems and songs are the literature of wisdom.

7 The law of the Lord is perfect, refreshing the soul. The statutes of the Lord are trustworthy, making wise the simple. (Psalm 19:7)

100 I have more understanding than the elders, for I obey your precepts. (Psalm 119:100)

130 The unfolding of your words gives light; it gives understanding to the simple. (Psalm 119:130)

15 and how from infancy you have known the Holy Scriptures,

(7) 지혜의 종류는 다양합니다.

말의 지혜(고전 1:17), 생활의 지혜, 손 기술(출 31:6), 옷 만드는 기술(출 28:3) 등도 지혜에 속합니다. 그리고 모든 지혜의 근본은 예수 그리스도이십니다.

> "내가 또 단 지파 아히사막의 아들 오홀리압을 세워 그와 함께 하게 하며 지혜로운 마음이 있는 모든 자에게 내가 지혜를 주어 그들이 내가 네게 명령한 것을 다 만들게 할지니"(출 31:6)
>
> "여호와를 경외하는 것이 지혜의 근본이요 거룩하신 자를 아는 것이 명철이니라"(잠 9:10)

(8) 지혜를 얻는 방법

① 기도로 구하십시오.

> "너희 중에 누구든지 지혜가 부족하거든 모든 사람에게 후히 주시고 꾸짖지 아니하시는 하나님께 구하라 그리하면 주시리라"(약 1:5)

② 말씀을 읽으십시오. 특별히 시가서는 지혜 문학입니다.

> "여호와의 율법은 완전하여 영혼을 소성시키며 여호와의 증거는 확실하여 우둔한 자를 지혜롭게 하며"(시 19:7)
>
> "주의 법도들을 지키므로 나의 명철함이 노인보다 나으니이다"(시 119:100)
>
> "주의 말씀을 열면 빛이 비치어 우둔한 사람들을 깨닫게 하나이다"(시 119:130)
>
> "또 어려서부터 성경을 알았나니 성경은 능히 너로 하여금 그리스도 예수 안에 있는 믿음으로 말미암아 구원에 이르는 지혜가 있게 하느니라"(딤후 3:15)

which are able to make you wise for salvation through faith in Christ Jesus. (2 Tim 3:15)

It's good for you to read and recite the Bible verses from childhood. You can minimize trial and error, because wisdom leading to salvation lies in the Bible. A human's life has days and nights. "The Bible is a lamp to my feet and a light for my path" (Psalm 119:105) during the night as well as during the day and it leads my life.

③ A church is a school of wisdom. Church life makes us abundant in wisdom and inspiration.

④ We need to engrave our parents' advice in our mind.

8 Listen, my son, to your father's instruction and do not forsake your mother's teaching. (Prov 1:8)

To heed our parents' message of warning is wisdom.

3 Do not spend your strength on women, your vigor on those who ruin kings. 4 It is not for kings, Lemuel—it is not for kings to drink wine, not for rulers to crave beer, 5 lest they drink and forget what has been decreed, and deprive all the oppressed of their rights. (Prov 31:3-5)

Especially, to keep our parents' last words is important.

When the time drew near for David to die, he gave a charge to Solomon his son. 2 "I am about to go the way of all the earth,"he said. "So be strong, act like a man, 3 and observe what the Lord your God requires: Walk in obedience to him, and keep his decrees and commands, his laws and regulations, as written in the Law of Moses. Do this so that you may prosper in all you do and wherever you go 4 and that the Lord may keep his promise to me: 'If your descendants watch how they live, and if they walk

성경을 어려서부터 읽고 암송하면 좋습니다. 구원에 이르는 지혜가 성경 속에 있으므로 시행착오를 줄일 수 있습니다. 인생은 밤과 낮이 있습니다. 낮에는 물론이거니와 밤에는 성경이 '내 발의 등이요 내 길에 빛'(시 119:105)이 되어 인생을 인도합니다.

③ 교회는 지혜의 학교입니다. 교회 생활은 지혜와 영감을 풍성하게 합니다.

④ 부모의 충고를 가슴에 새기는 것입니다.

"내 아들아 네 아비의 훈계를 들으며 네 어미의 법을 떠나지 말라"(잠 1:8)

부모의 경고의 메시지를 명심하는 것이 지혜입니다.

"네 힘을 여자들에게 쓰지 말며 왕들을 멸망시키는 일을 행하지 말지어다 르무엘아 포도주를 마시는 것이 왕들에게 마땅하지 아니하고 왕들에게 마땅하지 아니하며 독주를 찾는 것이 주권자들에게 마땅하지 않도다 술을 마시다가 법을 잊어버리고 모든 곤고한 자들의 송사를 굽게 할까 두려우니라" (잠언 31:3-5)

특별히 유언을 지키는 것은 중요합니다.

"다윗이 죽을 날이 임박하매 그의 아들 솔로몬에게 명령하여 이르되 내가 이제 세상 모든 사람이 가는 길로 가게 되었노니 너는 힘써 대장부가 되고 네 하나님 여호와의 명령을 지켜 그 길로 행하여 그 법률과 계명과 율례와 증거를 모세의 율법에 기록된 대로 지키라 그리하면 네가 무엇을 하든지 어디로 가든지 형통할지라 여호와께서 내 일에 대하여 말씀하시기를 만일 네 자손들이 그들의 길을 삼가 마음을 다하고 성품을 다하여 진실히 내 앞에서 행하면 이스라엘 왕위에 오를 사람이 네게서 끊어지지 아니하리라 하신 말씀을 확실히 이루게 하시리라"(왕상 2:1-4)

"레갑의 아들 요나답의 자손은 그의 선조가 그들에게 명령한 그 명령을 지

faithfully before me with all their heart and soul, you will never fail to have a successor on the throne of Israel.'(1 King 2:1-4)

16 The descendants of Jehonadab son of Rekab have carried out the command their forefather gave them, but these people have not obeyed me. (Jerem 35:16)

⑤ To meet a wise spouse is important.

10 A wife of noble character who can find? She is worth far more than rubies. (Prov 31:10)

⑥ To meet a wise friend and learn something from him is important. Confucius said in his book, "When three people are going together, one of them should be my master." This means that in case anyone of them has something nice, we can tread in his steps, and if not, we can amend our conduct in advance. According to the Bible, however, not meeting a bad man is a blessing. Meeting a wise man and learning something from him is a blessing. We should screen world knowledge through the wisdom of the Bible.

Blessed is the one who does not walk in step with the wicked or stand in the way that sinners take or sit in the company of mockers, (Psalm 1:1)

34 From all nations people came to listen to Solomon's wisdom, sent by all the kings of the world, who had heard of his wisdom. (1 King 4:34)

켜 행하나 이 백성은 내게 순종하지 아니하도다"(렘 35:16)

⑤ 지혜로운 배우자를 만나는 것입니다.

"누가 현숙한 여인을 찾아 얻겠느냐 그의 값은 진주보다 더 하니라"(잠 31:10)

⑥ 지혜로운 사람을 만나고 배우는 것입니다. 공자는 논어(論語)에서 "삼인행 필유아사언(三人行 必有我師焉)"이라고 말했습니다. 즉, "세 사람이 길을 가면 반드시 나의 스승이 있다. 그들 중에서 훌륭한 점이 있다면 그것을 가려서 따르고 나쁜 점이 있다면 그렇지 않도록 고칠 수 있어 배움이 된다."는 뜻입니다. 하지만 성경에 의하면, 나쁜 사람을 만나지 않는 것이 축복입니다. 지혜로운 사람을 만나 지혜를 배우는 것이 축복입니다. 세상 지식을 성경의 지혜로 걸러내야 합니다.

"복 있는 사람은 악인들의 꾀를 따르지 아니하며 죄인들의 길에 서지 아니하며 오만한 자들의 자리에 앉지 아니하고"(시 1:1)

"사람들이 솔로몬의 지혜를 들으러 왔으니 이는 그의 지혜의 소문을 들은 천하 모든 왕들이 보낸 자들이더라"(왕상 4:34)

2-2 The Words of Knowledge

(1) With regard to this, two opinions exist.

① Wisdom is to future what knowledge is to past. For that reason, the books and incidents that we read in the past and the contents, which were input in our mind, timely occur to us later. The contrary phenomenon of this is schizophrenia. In case schizophrenia appears, the arranged book case becomes put into disorder in our head and we cannot single out a necessary book. We cannot bring our memory back. Schizophrenia is caused by our weak brain and our thinking becomes damaged. Just as our arms and legs are fractured or broken by an external impact, our thinking is impaired by a shock. Our brain becomes distracted and is short of concentration. Various kinds of thinking come into our head simultaneously.

② The other opinion is that the spiritual gift of knowledge means what the Holy Spirit says through words, revelations, dreams and visions which are necessary for the kingdom of Heaven. This has nothing to do with our efforts.

(2) The understanding of dreams and visions:

The Bible is not the only means of revelation of God. The Old and New Testaments are the fulfillment of the contents of revelation (Rev 22:18-19), but the deed of revelation is now still going on, and such a deed of revelation needs to be verified by the Bible. Though until the time of Moses' receiving of the Ten Commandments from God, ancient Hebrews had no written Bible. They were able to perceive the sense of direction of

2-2 지식의 말씀

(1) 두 가지의 견해가 있습니다.

① 지혜가 미래적이라면 지식은 과거적입니다. 따라서 과거에 읽었던 책, 사건, 상황 등 입력됐던 내용들이 나중에 시기적절하게 떠오릅니다. 이와 반대현상이 정신분열입니다. 정신분열이 나타나면 머릿속에 정리된 책장이 어지럽혀져서 필요한 책들을 꺼내 쓸 수가 없습니다. 기억이 살아나지를 않습니다. 정신분열은 머리가 약해져서 생각이 깨진 것입니다. 마치 팔, 다리가 충격을 받아 금이 가고 부러지듯이, 생각이 충격으로 금이 간 상태입니다. 생각이 산만해져서 집중이 안되고 여러 생각이 동시에 떠오릅니다.

② 다른 하나의 견해는 지식의 은사란 성령님께서 하나님의 나라를 위해 필요한 것을 말씀, 묵시, 꿈, 환상 등을 통해 말씀하신다는 것입니다. 우리의 노력과 무관합니다.

(2) 꿈과 환상의 이해

성서만이 유일한 하나님의 계시 수단이라고 할 수는 없습니다. 물론 신구약 성경은 계시 내용의 완성이지만(계 22:18-19) 계시 행위는 지금도 계속되어지고 있으며 이러한 계시 행위는 성경으로 검증받아야 합니다. 모세가 하나님께로부터 십계명을 받을 때 까지는 고대 히브리인들에게 글로 기록된 성서가 전혀 없었지만, 그들이 하나님의 뜻대로 살아갈 수 있었던 이유는 꿈, 환상, 계시, 영감 등 내적인 경험

their personal life or community through their internal experiences such as dreams, visions, revelation, inspiration, and the like. The difference between a dream and a vision is that while a dream is God's revelation revealed during one's sleeping hours, a vision is his revelation shown during one's waking hours. The function of previous notice of some cases, which had already been fixed in heaven, exists in a dream and a vision.

> 10 your will be done, on earth as it is in heaven. (Matt 6:10b)

Ancient Hebrews made much of dreams and visions, and they realized that they needed to interpret the dreams and visions in the right way and that the dream and vision are the passageway through which they can go forward to God and entrust themselves entirely to God. The first generation Christians had the Old Testament only. However, they realized the sense of direction of God through their dreams, visions, and inspiration and discovered the providence of God. That's why Acts is filled with dreams, visions, prophecies, and inspiration.

> 16 No, this is what was spoken by the prophet Joel: 17 In the last days, God says, I will pour out my Spirit on all people. Your sons and daughters will prophesy, your young men will see visions, your old men will dream dreams. 18 Even on my servants, both men and women, I will pour out my Spirit in those days, and they will prophesy. 19 I will show wonders in the heavens above and signs on the earth below, blood and fire and billows of smoke. 20 The sun will be turned to darkness and the moon to blood before the coming of the great and glorious day of the Lord. 21 And everyone who calls on the name of the Lord will be saved. (Acts 2:16-21)

으로 개인적 혹은 공동체의 방향성을 감지할 수 있었기 때문입니다. 꿈과 환상의 차이는 꿈이 잠 속에 나타난 하나님의 계시라면 환상은 생시에 나타난 계시라고 말씀드릴 수 있으며 두 가지를 같은 맥락에서 이해해도 좋습니다. 하늘에서 이미 결정된 사안을 미리 알려주는 기능이 꿈과 환상 속에 존재합니다.

"뜻이 하늘에서 이루어진 것 같이 땅에서도 이루어지이다"(마 6:10b)

고대 히브리인들은 꿈과 환상을 소중하게 여기고 올바른 해석을 해야 할 필요를 느꼈을 뿐 아니라 꿈과 환상이 하나님께로 나아가 그분의 뜻에 자기 자신을 온전히 맡기는 통로임을 알게 되었습니다.

초기 1세대 크리스천들은 구약성서만 갖고 있었습니다. 그러나 그들은 하나님께서 꿈, 환상, 영감 등을 주심으로써 방향성을 깨닫게 되었으며 하나님의 섭리를 분별하였습니다. 사도행전이 꿈과 환상, 예언과 영감으로 가득 차 있는 것은 이 때문입니다.

"이는 곧 선지자 요엘을 통하여 말씀하신 것이니 일렀으되 하나님이 말씀하시기를 말세에 내가 내 영을 모든 육체에 부어 주리니 너희의 자녀들은 예언할 것이요 너희의 젊은이들은 환상을 보고 너희의 늙은이들은 꿈을 꾸리라 그 때에 내가 내 영을 내 남종과 여종들에게 부어 주리니 그들이 예언할 것이요 또 내가 위로 하늘에서는 기사를 아래로 땅에서는 징조를 베풀리니 곧 피와 불과 연기로다 주의 크고 영화로운 날이 이르기 전에 해가 변하여 어두워지고 달이 변하여 피가 되리라 누구든지 주의 이름을 부르는 자는 구원을 받으리라 하였느니라"(행 2:16-21)

① Dreams shown in the Bible

a. The Old Testament

- ●Abraham's dream and vision (Gen 15:12-21)
- ●Jacob's dream (Gen 28:10-22)
- ●Joseph's dream (Gen 37:5-11; Gen 40: -41:)
- ●Solomon's dream (1 King 3:5-15)
- ●Daniel's dream (Dan 2: -4:)
- ●Ezekiel's vision

6 he said, "Listen to my words: "When there is a prophet among you, I, the Lord, reveal myself to them in visions, I speak to them in dreams."(Numb 12:6)

b. The New Testament

- ●Joseph's dream (Matt 1:20-21)
- ●Vision seen by shepherds (Luk 2:8-14)
- ●Joseph's another dream (Matt 2:13, 19-20, 22)
- ●The dream of magic from the east (Matt 2:12)
- ●Peter's dream and vision (Act 10:3-21)
- ●Paul's vision (Act 16:6-10)
- ●St. John's vision of Revelation

Tertullian (AD 160-240), one of the first Fathers of the Church, said "Regardless of Christians or non-Christians there's nobody in the world who doesn't know the fact that God reveals himself mainly through dreams."

② The type of dreams

a. Usual type—What we have seen in our daily life appears in our dreams.

b. The dream that reminds us of forgotten hurts—This type of dream means that some suppressed hurts while one is unconscious calls to

① 성서에 나타난 꿈

a. 구약성서

●아브람의 꿈과 환상(창 15:12-21)

●야곱의 꿈(창 28:10-22)

●요셉의 꿈(창 37:5-11 / 창 40-41장)

●솔로몬의 꿈(왕상 3:5-15)

●다니엘의 꿈(단 2-4장)

●에스겔의 환상

"이르시되 내 말을 들으라 너희 중에 선지자가 있으면 나 여호와가 환상으로 나를 그에게 알리기도 하고 꿈으로 그와 말하기도 하거니와"(민 12:6)

b. 신약성서

●요셉의 꿈(마 1:20-21)

●목자들이 본 환상(눅 2:8-14)

●요셉의 다른 꿈(마 2:13, 19-20, 22)

●동방박사의 꿈(마 2:12)

●베드로의 꿈과 환상(행 10:3-21)

●바울의 환상(행 16:6-10)

●사도요한의 계시록 환상

초대교부 터툴리안은 "크리스천이든 비크리스천이든 간에 하나님께서 주로 꿈을 통해 자기 자신을 드러내신다는 사실을 모르는 사람은 세상에 아무도 없다"고 말했습니다.

② 꿈의 유형

a. 일상적인 꿈 : 우리가 생활 속에서 본 것이 꿈에서 나타납니다.

b. 잊혀진 상처를 회상시켜 주는 꿈 : 이 꿈은 성장 과정에서 무의식 속으로 억압되었던 상처가 오랜 시간이 지난 후에 어떤 상징으로

mind as a certain symbol long time later. Likewise, the dream that reminds us of forgotten hurts tells him that his hurts need to be healed. Freud made a study of this, but the universality of his study is somewhat weak, because his subjects were composed of patients.

c. Dreams about general people—Freud, who drew the interpretation of dreams in the 20th century, focused his interpretation of dreams on the unconscious world, especially on the sexual desire. He thought that all dreams are connected with self. Carl Jung, his follower, also interpreted all dreams with an intent in the inner child within the people. According to the books of psychology, ninety-nine percent of men who appear in their dreams are regarded to reflect his own self. However, according to King Nebuchandnezzar's 'dream of a gold statue'(Dan 2:31-45),the person in one's dream does not necessarily mean one's own self. The person who appears in one's dream might mean the sign of God for intercessory prayers.

d. Unconscious dreams—This kind of dream appears when a man is confronted with a crisis or when a change is ought to happen.

e. Extrasensory dreams (three kinds):

- ●The dream of clairvoyance: This dream shows the state of a man who is far apart.
- ●The dream of prophecy: Abraham Lincoln dreamed of his dying ten days before he was assassinated. Lincoln told about his dream to his friend by the name of Ward Hill Larmon, and he was assassinated ten days later.
- ●The dream of seeing through: This means a dream that penetrates into a person's state of mind. For instance, after having resolve prayer or all-night prayer for doing business in partnership or matrimonial affairs, God tells the spiritual state of the man. God often uses non-believers

되살아나는 것입니다. 이와 같이 상처를 회상시켜주는 꿈은 그의 무의식 속에 숨어서 그를 괴롭히는 상처가 치유되어야 할 필요가 있음을 그에게 알려주는 것입니다. 여기에 대한 연구는 프로이드가 했는데 대상이 환자로 구성되어 있기 때문에 보편성에는 약점이 있습니다.

c. 사람들에 관한 꿈 : 20세기에 꿈 해석을 끌어낸 프로이드는 꿈 해석에 있어서 무의식적인 세계, 특히 성적 욕망에 초점을 맞추었습니다. 그리고 모든 꿈은 자신과 연관되어 있다고 보았습니다. 그의 제자 칼 융 또한 거의 모든 꿈을 사람 속에 있는 내면아이에 관심을 두고 해석하였습니다. 따라서 심리학 책을 보면, 꿈에 등장하는 사람은 99% 자기 자신을 반영하는 것으로 파악하고 있습니다. 하지만 느부갓네살의 '금 신상의 꿈'(단 2:31-45)을 보면 꿈 속의 사람이 반드시 자기 자신을 의미한다고 보기에는 무리가 있습니다. 꿈에서 나타나는 사람이 중보기도를 위한 하나님의 싸인일 경우도 결코 배제할 수 없습니다.

d. 무의식적인 꿈 : 인간이 위기에 처할 때, 혹은 어떤 변화가 꼭 일어나야만 할 때 나타납니다.

e. 초감각적인 꿈(3가지 종류)

- 천리안의 꿈 : 멀리 떨어져 있는 사람의 상태를 보여 줍니다.
- 예언의 꿈 : 링컨은 자신이 죽는 꿈을 암살 10일 전에 꾸었습니다. 이 꿈 내용을 친구 워드힐 라몬에게 이야기해 주었는데 10일 후 링컨이 암살을 당합니다.
- 투시의 꿈 : 어떤 사람의 심리상태를 꿰뚫는 꿈입니다. 예를 들어, 친구와의 동업, 결혼 결정 등을 두고 작정기도나 철야기도 후에 그 사람의 심령 상태를 하나님께서 가르쳐 주시는 것입니다. 하나님께서는 바로 왕, 느부갓네살 왕, 빌라도의 아내처럼 불신자를 사용하기도 하십니다.

like King Nebuchandnezzar or Pilate's wife.

f. The dream given by Satan

● Deceiving dream

2 The idols speak deceitfully, diviners see visions that lie; they tell dreams that are false, they give comfort in vain. Therefore the people wander like sheep oppressed for lack of a shepherd. (Zech 10:2)

8 Yes, this is what the Lord Almighty, the God of Israel, says: "Do not let the prophets and diviners among you deceive you. Do not listen to the dreams you encourage them to have." (Jerem 29:8)

● Nightmare: The dream of fear or fright arises from mental trauma or ill-treatment. Therefore, we should pray so that the Holy Spirit can make us perceive the root of the nightmare and be pertinent, purified, and healed.

g. Spiritual dream: This dream is given by God. We can distinctly hear his voice in our dream.

● God's voice toward Samuel

● God appeared in the dream of Joseph and Maria

God bestowed the spiritual gift of knowledge like dreams and visions on people in diverse situations as follows:

When he led people (Matt 2:19-23), when he took care of people (Judg 7:13), when he bestowed peace and healing (Judg 7:13), when he intended to give warning, and made people be ready through teaching about future and prophecy (Gen 15:P13-15; 41:39), and so on.

③ How to interpret dreams—

The interpretation of dreams, which has been treated contemptuously as a superstition, began to be highlighted as a new attempt of the

f. 사탄이 주는 꿈

●속이는 꿈

"드라빔들은 허탄한 것을 말하며 복술자는 진실하지 않은 것을 보고 거짓 꿈을 말한즉 그 위로가 헛되므로 백성들이 양 같이 유리하며 목자가 없으므로 곤고를 당하나니"(슥 10:2)

"만군의 여호와 이스라엘의 하나님께서 이와 같이 말하노라 너희 중에 있는 선지자들에게와 점쟁이에게 미혹되지 말며 너희가 꾼 꿈도 곧이 듣고 믿지 말라"(렘 29:8)

●악몽

두려움과 공포의 꿈은 정신적 외상이나 학대에서 비롯됩니다. 그러므로 성령님께서 그 악몽의 뿌리를 알게 하셔서 회개, 정결, 치유가 일어나도록 기도해야 합니다.

g. 영적인 꿈 : 하나님이 주신 꿈입니다. 꿈속에서 하나님의 음성을 선명히 듣기도 합니다.

●사무엘을 향한 하나님의 음성

●요셉과 마리아에게 현몽하여 나타나심

하나님께서는 사람을 인도하실 때(마 2:19-23), 권고하실 때(삿 7:15), 평안과 치유를 주실 때(삿 7:13), 경고를 주고 싶을 때, 그리고 미래나 예언을 가르쳐서 마음을 준비시키려고 하실 때(창 15:13-15; 41:39) 등 여러 상황을 위해 꿈, 환상과 같은 지식의 은사를 베푸셨습니다.

③ 꿈의 해석방법

20세기 들어서 그동안 미신으로 천대 받았던 꿈 해석이 프로이드에 의해 인간 이해의 새로운 시도로 각광을 받기 시작했습니다.

understanding of human beings by Freud in the 20th century. Freud applied his interpretation of dreams to the process of research in the unconscious world and sex psychology, and made use of it for the medical treatment of patients. As the result, he contributed to drawing out his interpretation of dreams for the healing of men and the power of growth that had been ignored for the past 1,500 years.

Carl Jung, his follower, was first interested in the interpretation of dreams of the early churches. These two great masters interpreted dreams from the viewpoint of non-Christians. Now is the time when a right approach is necessary on the basis of Christian viewpoint and biblical interpretation.

a. Be concerned about repeated dreams
  - Joseph's dream and Pharaoh's dream

b. God tells us about our unconscious inner world or spiritual state through dreams. (Gen 20:3)

c. The relationship between the interpretation of dreams and our spiritual and mental health.
  - We can realize our characteristic problem or anxiety and the cause of our fear.
  - We can find a creative idea or new potentiality.
  - The way and attitude of our life undergo a change.

Leland Stanford, the founder of Stanford University, became a millionaire through the business of gold mind and reinforcing bars. He won victory after victory and became the governor of a state. He begot a son, Stanford Jr., at the age of forty-four by the grace of God. He, however, reached a big deadlock in his life. While he was traveling in Italy, his son died of typhoid fever. He was passing away his time bitterly disappointed lamenting, "Our past, hope, and dream resulted in dust."

프로이드는 무의식의 세계, 성심리학, 환자치료 과정에서 꿈 해석을 적용하고 환자 치료에 이용하였습니다. 그 결과 1500년 동안 무시해 왔던 꿈을 인간 치유와 성장 동력으로 이끌어 내는데 공헌하였습니다. 그리고 그의 제자 칼 융은 초대교회의 꿈 해석 전통에 처음으로 관심을 보였습니다.

꿈에 대한 거장인 이 두 사람 모두 비기독교 관점에서 꿈을 해석했습니다. 이제는 기독교적 시각 및 성경적 해석으로 바른 접근이 필요한 때입니다.

a. 반복되는 꿈에 관심을 가지십시오.

●요셉의 꿈. 바로의 꿈

b. 우리 무의식 속에 존재하는 내면세계를, 혹은 영적 상태를 꿈을 통해 하나님께서 말씀하십니다(창 20:3).

c. 꿈 해석과 영적, 정신적 건강과의 관계

●성격상의 문제나 불안, 알 수 없는 공포의 원인을 깨달을 수 있습니다.

●창조적 아이디어나 새로운 잠재력을 발견하게 됩니다.

●삶의 방식과 태도가 바뀝니다.

미국 스탠포드대학교 설립자 리랜드 스탠포드는 금광과 철근업으로 거부가 되었습니다. 주지사까지 승승장구하고 하나님 축복으로 늦둥이 자식 스탠포드 주니어를 44세에 얻게 되었습니다. 하지만 그의 인생에 큰 암초를 만납니다.

이태리 여행 중 아들을 장티푸스로 잃습니다. 그는 "우리의 과거와 희망과 꿈이 다 먼지로 돌아가 버렸다"며 실의의 나날을 보내고 있었습니다.

One day his dead boy appeared in his dream and said, "Dad, don't be sad. I'm not your only son. You will find many more sons all the world over. Please love them all." With this event as a turning point, he came to aspire to educational work and visited Harvard University with a view to making a donation. As he looked shabby, the security guard as well as the president of the university neglected him. He turned back with heavy steps. After all, he invested four hundred million dollars at that time, and established Stanford University which is now called the Harvard University of the West and began to educate many orphans.

④ Matters of attention with regard to dreams, visions, and revelations.

a. As these have a strong subjectivity, we should not blame or stimulate the person concerned on the ground of our personal dream.

b. The interpretation of a dubious dream needs to be shared with others in order not to go astray just as King Pharaoh and King Nebuchadnezzar asked about their dreams.

c. Be careful about non-biblical interpretation.

If a prophet, or one who foretells by dreams, appears among you and announces to you a sign or wonder, 2 and if the sign or wonder spoken of takes place, and the prophet says, "Let us follow other gods"(gods you have not known) "and let us worship them,"3 you must not listen to the words of that prophet or dreamer. The Lord your God is testing you to find out whether you love him with all your heart and with all your soul. (Deut 13:1-3)

5 That prophet or dreamer must be put to death for inciting rebellion against the Lord your God, who brought you out of Egypt and redeemed you from the land of slavery. That prophet or dreamer tried to turn you from the way the Lord your God

어느 날 아들이 꿈에 나타나 "아버지 슬퍼하지 마세요. 저만 아들인가요. 도처에 아들이 있으니 그들을 사랑해 주세요"라는 음성을 듣습니다. 이것을 계기로 교육 사업에 뜻을 두고 아들이 가고 싶어했던 하바드대학교를 기부 목적으로 문을 두들겼습니다. 하지만 허름한 행색에 수위도 괄시를 하고 총장도 무시하였습니다.

그는 무거운 발걸음을 돌려 결국 당시 4억 달러를 투자하여 서부의 하버드대학교라 일컫는 스탠포드대학교을 설립하게 되고 가난한 고아들을 가르치게 됩니다.

④ 꿈, 환상 계시에 유의할 점

a. 주관성이 강하기 때문에 꿈에 근거하여 책망하거나 권면하면 안 됩니다.

b. 미심쩍은 꿈은 바로 왕이나 느부갓네살 왕이 물어보았듯이 해석을 공유할 때 빗나가지 않습니다.

c. 비성경적인 해석을 조심하십시오.

"너희 중에 선지자나 꿈꾸는 자가 일어나서 이적과 기사를 네게 보이고 그가 네게 말한 그 이적과 기사가 이루어지고 너희가 알지 못하던 다른 신들을 우리가 따라 섬기자고 말할지라도 너는 그 선지자나 꿈 꾸는 자의 말을 청종하지 말라 이는 너희의 하나님 여호와께서 너희가 마음을 다하고 뜻을 다하여 너희의 하나님 여호와를 사랑하는 여부를 알려 하사 너희를 시험하심이니라"(신 13:1-3)

"그런 선지자나 꿈꾸는 자는 죽이라 이는 그가 너희에게 너희를 애굽 땅에서 인도하여 내시며 종 되었던 집에서 속량하신 너희의 하나님 여호와를 배반하게 하려 하며 너희의 하나님 여호와께서 네게 행하라 명령하신 도에서 너를 꾀어내려고 말하였음이라 너는 이같이 하여 너희 중에서 악을 제할지니라"(신 13:5)

commanded you to follow. You must purge the evil from among you. (Deut 13:5)

d. Dreams have a tendency to warn.

●Abimelch's dream

7 Now return the man's wife, for he is a prophet, and he will pray for you and you will live. But if you do not return her, you may be sure that you and all who belong to you will die. (Gen 20:7)

●Laban's dream (Gen 31:24)

●Joseph's dream: Prepare for seven years of famine. (Gen 41:1-36)

●Nebuchadnezzar's dream: Those who walk in pride become lunatics. (Dan 4:)

●Belshazzar's dream about a hand writing (Dan 5:)

13 When they had gone, an angel of the Lord appeared to Joseph in a dream. "Get up,"he said, "take the child and his mother and escape to Egypt. Stay there until I tell you, for Herod is going to search for the child to kill him."(Matt 2:13)

●Wife of Pilate's dream (Matt 27:19)

In world history, Calpurnia, who was the third wife of Julius Caesar, dissuaded Caesar from going to the senate house, after having dreamed of Caesar's death. Caesar, who ignored this, was killed some hours later after all.

e. Generally speaking, after one finished praying, the dream given by God appears and the dream may be vivid. When a spiritual dream comes to an end, one is awakened from sleeping, and often astounded. In a certain case the dream is not forgotten, and an aftereffect remains in the mind. This gives a certain hint to the person concerned who dreamt. But as a dream might be subjective, one must not objectify or absolutize unreasonably, and must be illuminated in the words of God and the Holy Spirit by asking God in prayer.

d. 꿈은 경고적 성격이 많습니다.

●아비멜렉의 꿈

“이제 그 사람의 아내를 돌려보내라 그는 선지자라 그가 너를 위하여 기도하리니 네가 살려니와 네가 돌려보내지 아니하면 너와 네게 속한 자가 다 반드시 죽을 줄 알지니라”(창 20:7)

●라반의 꿈(창 31:24)

●요셉의 꿈 : 칠 년 기근을 대비하라(창 41:1-36).

●느부갓네살의 꿈 : 교만하면 7년간 미치광이가 된다(단 4장).

●벨사살의 글씨에 대한 꿈(단 5장)

“그들이 떠난 후에 주의 사자가 요셉에게 현몽하여 이르되 헤롯이 아기를 찾아 죽이려 하니 일어나 아기와 그의 어머니를 데리고 애굽으로 피하여 내가 네게 이르기까지 거기 있으라 하시니”(마 2:13)

●빌라도 아내의 꿈(마 27:19)

세상 역사에서도 줄리어스 시이저의 3번째 아내였던 칼푸르니아(Calpurnia)도 시이저 죽음을 예견하는 꿈을 꾸고 원로원 가는 것을 만류하였습니다. 이것을 무시했던 시이저는 결국 몇시간 후에 살해되었습니다.

e. 일반적으로 하나님께서 주신 꿈은 기도 후 나타나며 선명합니다. 또한 영적인 꿈은 꿈이 끝남과 동시에 잠에서 깨어나며, 소스라치게 놀라기도 합니다. 어떤 경우는 꿈이 잊혀지지 않고 마음에 여운을 남기기도 합니다. 꿈꾼 본인 자신에게 어떤 암시를 주는 것입니다. 하지만 꿈이란 주관적인 것이므로 무리하게 객관화하거나 절대화해서는 안 되며 더 깊이 하나님께 기도로 여쭈어보고 말씀과 성령 안에서 조명해야 합니다.

2-3 The Spiritual Gift of Faith

Faith is divided into two in a broad sense.

(1) Faith to be saved

Jesus is the son of God and our savior. Jesus forgave all people's sins by being crucified on the cross. When the incident on the cross approaches me one to one, it means that we are saved. Salvation is not a meritorious deed of ours but the grace of God given freely to us. The first meeting with Jesus means salvation, and the next meetings with him stand for sanctification. We have all received one blessing after another. (John 1:16) We come to resemble Jesus and are glorified in the kingdom of heaven.

Salvation is a present, but our deed is important for the reward of the kingdom of heaven. Through our commitment, the kingdom of God and the works of salvation are expanded. Salvation does not need our elaboration, but the observance of the Ten Commandments and the obedience to the words of God are required for our blessed life, and the reward of the kingdom of heaven demands our spontaneous sacrifice.

① Faith is God's present.

8 For it is by grace you have been saved, through faith—and this is not from yourselves, it is the gift of God— (Ephe 2:8)

② Faith is given by the competence of the Holy Spirit

3 Therefore I want you to know that no one who is speaking by the Spirit of God says, "Jesus be cursed,"and no one can say, "Jesus is Lord,"except by the Holy Spirit. (1 Cor 12:3)

③ The faith of salvation is just once and its efficacy is eternal.

2-3 믿음의 은사

믿음은 크게 두 종류가 있습니다.

(1) 구원받는 믿음

예수님은 하나님의 아들이시요 구세주이십니다. 예수님은 십자가에 달리사 온 인류의 죄를 사해주셨습니다. 이 십자가 사건이 자신에게 1:1로 다가올 때 우리는 구원받은 것입니다. 구원은 공로가 아니라 거저 주어진 하나님의 은혜입니다. 예수님과의 첫 번째 만남이 구원이며 다음부터의 만남이 성화입니다. 우리는 은혜 위에 은혜를 받아(요 1:16) 그리스도를 닮아가며 마지막에 천국에서 영화롭게 됩니다.

구원은 선물이지만 천국의 상급은 행실이 필요합니다. 우리의 헌신을 통해 하나님 나라와 구원의 역사는 확장됩니다. 구원은 우리의 공력이 필요 없지만 축복된 삶을 위해서는 십계명 준수와 말씀 순종을 해야 하며 천국의 상급을 위해서는 자발적인 희생이 있어야 합니다.

① 믿음은 하나님의 선물입니다.

"너희는 그 은혜에 의하여 믿음으로 말미암아 구원을 받았으니 이것은 너희에게서 난 것이 아니요 하나님의 선물이라"(엡 2:8)

② 성령의 능력으로 주어집니다.

"그러므로 내가 너희에게 알리노니 하나님의 영으로 말하는 자는 누구든지 예수를 저주할 자라 하지 아니하고 또 성령으로 아니하고는 누구든지 예수를 주시라 할 수 없느니라"(고전 12:3)

③ 구원의 믿음은 단회적이고 효력이 영원합니다.

27 Just as people are destined to die once, and after that to face judgment, (Heb 9:27)

3 Dear friends, although I was very eager to write to you about the salvation we share, I felt compelled to write and urge you to contend for the faith that was once for all entrusted to God's holy people. (Jude 1:3)

④ In case one is given the faith of salvation, eight symptoms appear.

a. He admits that Christ is his Lord.

10 For it is with your heart that you believe and are justified, and it is with your mouth that you profess your faith and are saved. (Rom 10:10)

b. He obeys Jesus Christ.

c. When he is saved, right conducts follow. (James 1:27)

d. He becomes happy due to salvation.

9 for you are receiving the end result of your faith, the salvation of your souls. (1 Peter 1:9)

e. His faith grows. (maturity & sanctification)

f. He lives a life, giving glory to God.

ⓐ Worship service

ⓑ He tries to make God happy. (Heb 11:6)

g. He relies upon God.

h. He prevails over the world.

4 for everyone born of God overcomes the world. This is the victory that has overcome the world, even our faith. (1 John 5:4)

"한번 죽는 것은 사람에게 정해진 것이요 그 후에는 심판이 있으리니"(히 9:27)

"사랑하는 자들아 우리가 일반으로 받은 구원에 관하여 내가 너희에게 편지하려는 생각이 간절하던 차에 성도에게 단번에 주신 믿음의 도를 위하여 힘써 싸우라는 편지로 너희를 권하여야 할 필요를 느꼈노니"(유 1:3)

④ 구원의 믿음이 들어가면 8가지 증상이 나타납니다.

a. 그리스도를 주라고 시인합니다.

"사람이 마음으로 믿어 의에 이르고 입으로 시인하여 구원에 이르느니라"(롬 10:10)

b. 예수 그리스도에게 순종합니다.

c. 구원받으면 올바른 행실이 따라옵니다(약 1:27).

d. 구원받은 기쁨이 있습니다.

"믿음의 결국 곧 영혼의 구원을 받음이라"(벧전 1:9)

e. 신앙성장을 향해 나아갑니다(성숙, 성화).

f. 하나님께 영광 돌리는 삶을 실천합니다.

ⓐ 예배

ⓑ 하나님을 기쁘시게 하려고 합니다(히 11:6).

g. 하나님을 의지합니다.

h. 세상을 이깁니다.

"무릇 하나님께로부터 난 자마다 세상을 이기느니라 세상을 이기는 승리는 이것이니 우리의 믿음이니라"(요일 5:4)

(2) Faith of spiritual gift

① Unlike the faith of salvation, the faith of spiritual gift produces wonderful work.

●Faith that can move mountains (1 Cor 13:2)

●Work of faith (1 Thes 1:3)

●Ability of faith as small as a mustard seed (Matt 17:20)

20 He replied, "Because you have so little faith. Truly I tell you, if you have faith as small as a mustard seed, you can say to this mountain, 'Move from here to there,'and it will move. Nothing will be impossible for you."(Matt 17:20)

② One is saved not necessarily by great faith, but the faith working by God is great faith.

●The faith of a centurion (Matt 8:5-10)

10 When Jesus heard this, he was amazed and said to those following him, "Truly I tell you, I have not found anyone in Israel with such great faith." (Matt 8:10)

●The faith of Syrophoenician woman (Mark 7:24-30)

28 Then Jesus said to her, "Woman, you have great faith! Your request is granted."And her daughter was healed at that moment. (Matt 15:28)

③ Jesus rebuked little faith.

●Jesus' disciples who were afraid of the wind and the waves (Mark 4:35-41)

40 He said to his disciples, "Why are you so afraid? Do you still have no faith?"(Mark 4:40)

●Peter sinking into water (Matt 14:22-33)

30 But when he saw the wind, he was afraid and, beginning to

(2) 은사적 믿음

① 구원받는 믿음과 달리 역사를 일으키는 은사적인 믿음이 있습니다.

●산을 옮길만한 믿음(고전 13:2)

●믿음의 역사(살전 1:3)

●겨자씨만한 믿음의 능력(마 17:20)

"이르시되 너희 믿음이 작은 까닭이니라 진실로 너희에게 이르노니 만일 너희에게 믿음이 겨자씨 한 알 만큼만 있어도 이 산을 명하여 여기서 저기로 옮겨지라 하면 옮겨질 것이요 또 너희가 못할 것이 없으리라"(마 17:20)

② 큰 믿음으로 구원받는 것은 아니지만 하나님이 역사하시는 믿음은 큰 믿음입니다.

●백부장의 믿음(마 8:5-10)

"예수께서 들으시고 놀랍게 여겨 따르는 자들에게 이르시되 내가 진실로 너희에게 이르노니 이스라엘 중 아무에게서도 이만한 믿음을 보지 못하였노라"(마 8:10)

●수로보니게 여인의 믿음(막 7:24-30)

"이에 예수께서 대답하여 이르시되 여자여 네 믿음이 크도다 네 소원대로되리라 하시니 그 때로부터 그의 딸이 나으니라"(마 15:28)

③ 예수님은 작은 믿음을 책망하셨습니다.

●풍랑에 놀란 제자들(막 4:35-41)

"이에 제자들에게 이르시되 어찌하여 이렇게 무서워하느냐 너희가 어찌 믿음이 없느냐 하시니"(막 4:40)

●물에 빠진 베드로(마 14:22-33)

"바람을 보고 무서워 빠져 가는지라 소리 질러 이르되 주여 나를 구원하소서 하니 예수께서 즉시 손을 내밀어 그를 붙잡으시며 이르시되 믿음이 작은 자여 왜 의심하였느냐 하시고"(마 14:30-31)

sink, cried out, "Lord, save me!"31 Immediately Jesus reached out his hand and caught him. "You of little faith,"he said, "why did you doubt?"(Matt 14:30-31)

④ Faith of spiritual gift makes miracles work.

Where people listen to the words of God, faith grows, where faith exists God works, and where God works, a miracle arises.

⑤ In order that this faith may be maintained and grow, prayers and words of God are absolutely necessary.

17 Consequently, faith comes from hearing the message, and the message is heard through the word about Christ. (Rom 10:17)

29 As he was praying, the appearance of his face changed, and his clothes became as bright as a flash of lightning. (Luke 9:29)

④ 기적을 만드는 재료는 은사적 믿음입니다.

하나님의 말씀을 듣는 곳에 믿음이 자라고, 믿음이 있는 곳에 하나님이 일하시며, 하나님이 일하시는 곳에 기적이 일어납니다.

⑤ 이 믿음이 유지 성장하기 위해 기도와 말씀이 절대적으로 필요합니다.

"그러므로 믿음은 들음에서 나며 들음은 그리스도의 말씀으로 말미암았느니라"(롬 10:17)

"기도하실 때에 용모가 변화되고 그 옷이 희어져 광채가 나더라"(눅 9:29)

2-4 The Spiritual Gift of Healing Diseases

(1) The kind of diseases

The case of curing disease by the power of God starts from the curing of Abraham and Sarah's sterility. (Gen 20:) In Moses' times, God cured Miriam's leprosy (Num 12:), in the age of the prophets, he cured General Naaman's leprosy. (2 King 5:) And he also cured Hezekiah's fatal disease. (Isai 38:1-8)

There are 47 diseases shown in the Bible and they are as follows; miscarriage, sterility (Exo 23:), disfigured, deformed, dwarfed, eye defect, damaged testicles (Levi 21:), leprosy (Num 12:10), plague, wasting disease, fever, inflammation, scorching heat and drought, blight, mildew, boils of Egypt, tumors, festering sores, itchiness, madness, blindness, confusion of mind (Deut 28:), grief span of life (1 Sam 2:31), running sores (2 Sam 3:29), infantile paralysis (2 Sam 4:4), lovesickness (2 Sam 13:4), murrain (1 King 8:37), depression (1 King 19:4), sunstroke (2 King 4:19), intestinal disease (2 Chro 21:15), seasickness (Psal 107:27), heartbreak (Psal 147:3), alcoholic poisoning (Prov 23:30-35), inflamed with wine (Hos 7:5), demon-possession, seizures, paralysis (Matt 4:), being mute (Matt 9:33), bleeding (Mark 5:25-29), being deaf (Mark 7:35), humpback (Luk 13:13), dropsy (Luk 14:2), being lame (John 5:3-4), being crippled (Act 3:2), being eaten by worms (Act 12:23), dysentery (Act 28:8), stomach disorder (1 Tim 5:23).

(2) The causes of diseases

① Sin—It comes from distrusting God. (Exo 15:26)

② Accident

2-4 병 고치는 은사

(1) 병의 종류

하나님의 능력으로 치유된 사건은 아브라함과 사라의 불임을 치료하신 것으로부터 시작합니다(창 20장). 하나님께서는 모세시대 때는 미리암의 나병을 치유하시고(민 12장) 선지자 시대 때는 나아만 장군의 나병을(왕하 5장) 그리고 히스기야의 죽을 병을 고치시기도 하였습니다(사 38:1-8).

성경에 나타난 질병의 종류는 낙태, 불임(이상 출 23장), 코가 불완전한 자, 불구, 눈병, 난쟁이, 고환 상한 자(이상 레 21장), 나병(민 12:10), 염병, 폐병, 열병, 염증, 상한, 학질, 종기, 치질, 괴혈병, 피부병, 정신병, 개창, 미침, 소경(이상 신 28장), 단명(삼상 2:31), 백탁병('성병' 삼하 3:29), 소아마비(삼하 4:4), 상사병(삼하 13:4), 온역(왕상 8:37), 우울증(왕상 19:4), 일사병(왕하 4:19), 창자병(대하 21:15), 배멀미(시 107:27), 마음 상함(시 147:3), 알콜 중독(잠 23:30-35), 술의 뜨거움(호 7:5), 귀신들린 것, 중풍, 간질(이상 마 4장), 벙어리(마 9:33), 혈루증(막 5:25-29), 귀머거리(막 7:35), 고창병(눅 14:2), 곱추(눅 13:13), 절뚝발이(요 5:3-4), 앉은뱅이(행 3:2), 충이 먹음(행 12:23), 이질(행 28:8), 위장병(딤전 5:23) 등 47가지가 나옵니다.

(2) 병의 원인

① 죄 - 하나님께 대한 불순종으로부터(출 15:26)
② 사고

③ To make a person humble (2 Cor 12:7—a thorn in Paul's flesh')

④ Overwork, overeating, overdrinking

⑤ Anger, fear, anxiety, hatred, worry, discouragement

⑥ Demon-possession (Luk 13:16)

> [Reference]: With regard to the causes and differences between mental disease and demon-possession, a book entitled 『Chukgwi Baekjeon Baekseung』 [Driving Demons Away, Invincibility] written by Joseph Kang is recommended.

⑦ In order to give to glory to God(John 9:1-7)

(3) The ground of treatment

① Jesus' precious blood on the cross—curing a man is God's will. This fact appears in his plan of redemption. The purpose of his bearing the burden of sins is to make us free from all diseases.

4 Surely he took up our pain and bore our suffering, yet we considered him punished by God, stricken by him, and afflicted. 5 But he was pierced for our transgressions, he was crushed for our iniquities; the punishment that brought us peace was on him, and by his wounds we are healed. (Isa 53:4-5)

24 "He himself bore our sins"in his body on the cross, so that we might die to sins and live for righteousness; "by his wounds you have been healed."(1 Peter 2:24)

② The Holy Spirit of the Lord

18 "The Spirit of the Lord is on me, because he has anointed me to proclaim good news to the poor. He has sent me to proclaim freedom for the prisoners and recovery of sight for the blind, to set the oppressed free, 19 to proclaim the year of the Lord's

③ 하나님께서 겸손케 하시려고(고후 12:7 '바울의 가시')
④ 과로, 과식, 과음 등 몸을 잘못 관리한 경우
⑤ 분노, 공포, 불안, 미움, 걱정, 낙담 등
⑥ 귀신들림(눅 13:16)

> [참고] : 정신병과 귀신들림—이 두 가지 질병의 원인과 차이, 치료방법에 대해서는 강요셉이 쓴 「축귀, 백전백승」을 추천합니다.

⑦ 하나님께 영광을 돌리려고(요 9:1-7)

(3) 치료근거

① 예수님의 십자가 보혈 : 우리를 치료하는 것이 하나님의 뜻입니다. 그분의 구속계획 속에 나타나 있습니다. 죄를 짊어지신 목적은 우리를 죄로부터 자유함을 얻게 하려는 것이 있고 병을 짊어지심은 병으로부터 우리를 자유케 하려함에 있습니다.

"그는 실로 우리의 질고를 지고 우리의 슬픔을 당하였거늘 우리는 생각하기를 그는 징벌을 받아 하나님께 맞으며 고난을 당한다 하였노라 그가 찔림은 우리의 허물 때문이요 그가 상함은 우리의 죄악 때문이라 그가 징계를 받으므로 우리는 평화를 누리고 그가 채찍에 맞으므로 우리는 나음을 받았도다"(사 53:4-5)

"친히 나무에 달려 그 몸으로 우리 죄를 담당하셨으니 이는 우리로 죄에 대하여 죽고 의에 대하여 살게 하려 하심이라 그가 채찍에 맞음으로 너희는 나음을 얻었나니"(벧전 2:24)

② 주의 성령

"주의 성령이 내게 임하셨으니 이는 가난한 자에게 복음을 전하게 하시려고 내게 기름을 부으시고 나를 보내사 포로 된 자에게 자유를, 눈 먼 자에게 다시 보게 함을 전파하며 눌린 자를 자유롭게 하고 주의 은혜의 해를 전파

favor."(Luke 4:18-19)

(4) The method of treatment

① The case of being cured by one's own faith

a. Strong will

14 The human spirit can endure in sickness, but a crushed spirit who can bear? (Prov 18:14)

6 When Jesus saw him lying there and learned that he had been in this condition for a long time, he asked him, "Do you want to get well?"(John 5:6)

b. The repentance of oneself

13 Now reform your ways and your actions and obey the Lord your God. Then the Lord will relent and not bring the disaster he has pronounced against you. (Jerem 26:13)

20 The Lord will send on you curses, confusion and rebuke in everything you put your hand to, until you are destroyed and come to sudden ruin because of the evil you have done in forsaking him. 21 The Lord will plague you with diseases until he has destroyed you from the land you are entering to possess. 22 The Lord will strike you with wasting disease, with fever and inflammation, with scorching heat and drought, with blight and mildew, which will plague you until you perish. (Deut 28:20-22)

18 If I had cherished sin in my heart, the Lord would not have listened; (Palm 66:18)

12 But who can discern their own errors? Forgive my hidden

하게 하려 하심이라 하였더라"(눅 4:18-19)

(4) 치료방법

① 본인의 믿음으로 치료받는 경우

a. 굳센 의지

"사람의 심령은 그의 병을 능히 이기려니와 심령이 상하면 그것을 누가 일으키겠느냐"(잠 18:14)

"예수께서 그 누운 것을 보시고 병이 벌써 오래된 줄 아시고 이르시되 네가 낫고자 하느냐"(요 5:6)

b. 본인의 회개

"그런즉 너희는 너희 길과 행위를 고치고 너희 하나님 여호와의 목소리를 청종하라 그리하면 여호와께서 너희에게 선언하신 재앙에 대하여 뜻을 돌이키시리라"(렘 26:13)

"네가 악을 행하여 그를 잊으므로 네 손으로 하는 모든 일에 여호와께서 저주와 혼란과 책망을 내리사 망하며 속히 파멸하게 하실 것이며 여호와께서 네 몸에 염병이 들게 하사 네가 들어가 차지할 땅에서 마침내 너를 멸하실 것이며 여호와께서 폐병과 열병과 염증과 학질과 한재와 풍재와 썩는 재앙으로 너를 치시리니 이 재앙들이 너를 따라서 너를 진멸하게 할 것이라"(신 28:20-22)

"내가 나의 마음에 죄악을 품었더라면 주께서 듣지 아니하시리라"(시 66:18)

"자기 허물을 능히 깨달을 자 누구리요 나를 숨은 허물에서 벗어나게 하소서 또 주의 종에게 고의로 죄를 짓지 말게 하사 그 죄가 나를 주장하지 못하게 하소서 그리하면 내가 정직하여 큰 죄과에서 벗어나겠나이다"(시

faults. 13 Keep your servant also from willful sins; may they not rule over me. Then I will be blameless, innocent of great transgression. (Psalm 19:12-13)

Repentance is possible when God shines his light upon a person. Repentance is the grace of God. One can find one's hidden sins when he repents, and the moment when he washes his sins away, the evil spirit leaves. The feed of the evil spirit is sin, and the evil spirit becomes the causes of unhappiness, cursing, and diseases.

c. The case of being cured by faith toward the words of God

18 Jesus rebuked the demon, and it came out of the boy, and he was healed at that moment. 19 Then the disciples came to Jesus in private and asked, "Why couldn't we drive it out?"20 He replied, "Because you have so little faith. Truly I tell you, if you have faith as small as a mustard seed, you can say to this mountain, 'Move from here to there,'and it will move. Nothing will be impossible for you."(Matt 17:18-20)

The curing by faith is different from the curing by spiritual gift. The case of being cured by spiritual gift of faith is given either by the words of the Bible or by the patient's faith when the words of Bible are proclaimed. As compared with this, the person who has the spiritual gift of healing can be said to help the patients who are weak in faith. While the spiritual gift of faith is effective in case of meeting a large number of people, the work of God appears only to the individual who accepts with faith.

The work of faith has four principles. (Mark 9:14-29)

19:12-13)

회개는 하나님께서 빛을 비추어 주셨을 때 가능합니다. 회개는 하나님의 은혜입니다. 회개시 숨겨진 죄를 발견할 수 있으며 죄를 씻어냄과 동시에 마귀가 떠나갑니다. 마귀의 먹이는 죄이며 마귀는 불행, 저주, 질병의 원인이 됩니다.

c. 말씀에 대한 믿음으로 치료되는 경우

"이에 예수께서 꾸짖으시니 귀신이 나가고 아이가 그 때부터 나으니라 이 때에 제자들이 조용히 예수께 나아와 이르되 우리는 어찌하여 쫓아내지 못하였나이까 이르시되 너희 믿음이 작은 까닭이니라 진실로 너희에게 이르노니 만일 너희에게 믿음이 겨자씨 한 알 만큼만 있어도 이 산을 명하여 여기서 저기로 옮겨지라 하면 옮겨질 것이요 또 너희가 못할 것이 없으리라" (마 17:18-20)

믿음으로 치유하는 경우와 신유의 은사로 치유하는 것은 다릅니다. 믿음의 은사를 사용하는 경우는 성경 말씀이나, 말씀 선포 시에 병자 개인이 믿음으로 받아 들여서 치료되는 것입니다. 이에 비해 신유 은사자는 자신의 믿음을 사용하여 믿음이 연약한 환자를 돕는다고 말씀드릴 수 있습니다. 믿음의 은사는 다수를 상대할 때 효과적인 반면 믿음으로 받아들이는 사람에게만 하나님의 역사가 나타납니다.

믿음의 역사에는 4가지 원칙이 있습니다(막 9:14-29).

●The faith of the workers (Mark 9:23)

●Patients must not doubt. (Mark 9:24)

●Exorcism of ill health in Jesus' name.

As a demon is a person, it hates perishing and cursing. (Mark 9:25)

●Command so that the demon of ill health cannot come into again. (Mark 9:25)

From the viewpoint of God, a serious illness and a light illness have no great difference. From the viewpoint of man, a serious illness like cancer has a great difference from a light one. From the viewpoint of God, both of them are all light ones. What is important is the almighty God's will of curing and a great conviction that Jesus is willing to cure my illness.

d. When one is filled with the Holy Spirit

13 They drove out many demons and anointed many sick people with oil and healed them. (Mark 6:13)

2 Dear friend, I pray that you may enjoy good health and that all may go well with you, even as your soul is getting along well. (3 John 1:2)

e. When one forgives and prays

In case no solution is found in spite of trying to treat with every means possible, try to find and solve the problem of hatred in mind with prayers.

② In case one is cured with the help of others

a. All baptized people have the power of curing.

17 And these signs will accompany those who believe: In my name they will drive out demons; they will speak in new tongues;

●사역자의 믿음(막 9:23)

●환자가 의심하지 말 것(막 9:24)

●예수 이름으로 병마를 내 쫓으라

귀신은 인격체이기 때문에 멸망과 저주를 싫어합니다(막 9:25).

●다시 병마가 들어오지 못하도록 명령할 것(막 9:25)

하나님의 관점에서는 중병이나 가벼운 병이나 비슷합니다. 인간의 시각으로는 암과 같은 큰 병이나 작은 병의 차이가 있으나 하나님의 시각으로는 둘 다 가벼운 병입니다. 중요한 것은 전능하신 예수님의 치료의지이며 예수님이 나를 치료하시려고 한다는 큰 확신입니다.

d. 성령충만 받을 때

"많은 귀신을 쫓아내며 많은 병자에게 기름을 발라 고치더라"(막 6:13)

"사랑하는 자여 네 영혼이 잘됨 같이 네가 범사에 잘되고 강건하기를 내가 간구하노라"(요삼 1:2)

e. 용서하고 기도할 때

여러 가지 방법을 사용하여도 치료가 안 될 때는 미움의 문제를 찾아내어 기도로 해결해 보십시오.

② 타인의 도움을 받아 치료되는 경우

a. 세례받은 모든 사람은 치료의 권능을 소유합니다.

"믿는 자들에게는 이런 표적이 따르리니 곧 그들이 내 이름으로 귀신을 쫓아내며 새 방언을 말하며 뱀을 집어올리며 무슨 독을 마실지라도 해를 받지

18 they will pick up snakes with their hands; and when they drink deadly poison, it will not hurt them at all; they will place their hands on sick people, and they will get well.(Mark 16:17-18)

b. The prayers of others

- The prayer of a centurion (Matt 8:5-10: higher officer's prayer)
- The prayer of Syrophoenician woman (Matt 15:21-28: mother's prayer)

c. The prayers of faith (Jame 5:14-16)

- Call the elders of the church.
- Anoint with oil and pray in the name of the Lord.
- Confess sins with each other. (This is the only case that one confesses one's sins before man, but quite different from Catholic's sacrament of confession)

d. In the case of using medicine with prayer (1 King 20:7; Judg 1:6; Luk 10:34; 1 Tim 5:23)

e. In the case of using smell

22 Is there no balm in Gilead? Is there no physician there? Why then is there no healing for the wound of my people? (Jerem 8:22)

f. In the case of using music

23 Whenever the spirit from God came on Saul, David would take up his lyre and play. Then relief would come to Saul; he would feel better, and the evil spirit would leave him. (1 Sam 16:23)

g. In the case of using the spiritual gift of healing

The spiritual gift of healing means the spiritual gift of curing diseases by helping others who have no faith or weak faith. This can be said to be a kind of spiritual doctor. The original word of the term is plural form, which means the spiritual gift of healing is diverse.

St. Paul is thought to be able to enumerate the instances of spiritual gifts,

아니하며 병든 사람에게 손을 얹은즉 나으리라 하시더라"(막 16:17-18)

b. 타인의 기도

●백부장의 기도(마 8:5-10 상관의 기도)

●수로보니게 여인의 기도(마 15:21-28 어머니의 기도)

c. 믿음의 기도(약 5:14-16)

●장로들을 초청하라.

●주의 이름으로 기름을 바르고 기도하라.

●죄를 서로 고백하고 기도하라.(죄를 사람에게 고하는 유일한 경우로 가톨릭의 고해성사와는 다르다)

d. 기도하며 약을 사용하는 경우(왕하 20:7; 사 1:6; 눅 10:34; 딤전 5:23)

e. 냄새를 이용하는 경우

"길르앗에는 유향이 있지 아니한가 그 곳에는 의사가 있지 아니한가 딸 내 백성이 치료를 받지 못함은 어찌 됨인고"(렘 8:22)

f. 음악을 사용하는 경우

"하나님께서 부리시는 악령이 사울에게 이를 때에 다윗이 수금을 들고 와서 손으로 탄즉 사울이 상쾌하여 낫고 악령이 그에게서 떠나더라"(삼상 16:23)

g. 신유 은사를 사용하는 경우

신유 은사란 믿음이 없거나 약한 사람의 믿음을 도와줘서 고치는 은사를 뜻합니다. 일종의 영적 의사로 원어로 볼 때 특별히 복수로 쓰였는데 이는 신유 은사가 다양함을 뜻합니다.

사도 바울은 은사의 종류를 많이 체험했거나 소지했기 때문에 성령의 은사를 나열할 수 있었던 것으로 생각됩니다. 하지만 일반적으로 은사를 받은 사람은 점차 자신에게 두각을 나타내는 은사가 있게 됩니다.

그 중에서도 신유의 은사는 세상 의사가 되는 과정과 흡사합니다. 맨 처음 은사를 받는 것은 환자에 대한 긍휼, 본인의 치유 등을 통해 기도 중에 성령님께로부터 받게 됩니다. 의과대학 입문에 해당합니다.

because he experienced many kinds of spiritual gifts. Generally speaking, a man who received spiritual gift gradually makes a conspicuous figure. Among these, the process of the spiritual gift of healing is similar to that of a world medical doctor. At first, receiving spiritual gift is fulfilled by the Holy Spirit while praying through the pity of the patients or the curing of oneself. This is equivalent to the entrance of a medical college. Just as a medical student becomes a medical specialist after graduating from a medical college, after a man receives the spiritual gift of healing, he comes to have his own special ability. One cures mental diseases well, another cures the diseases of the department of surgery well, and another cures cancers, lumbagos or infertility. God uses people in diverse ways.

One thing to be noticed here is that just as it takes about ten years for a student to become a medical doctor, especially for the spiritual gift of healing, prophecy, and interpretation, which are deeply involved in the faith of other people like healing, take a long time to be developed, because God wants them to be trained well. Just as the training of an intern becomes effective and reduces the time when trained under the guidance of a medical specialist, God connects one to a spiritual leader.

But many people fail to be competent workers, because they disregard the advice and the training process of seniors whom God has attached to them and end up going the wrong way. On account of this undesirable custom, Korean churches even bring about the rejecting phase of the workers of spiritual gifts.

Generally speaking, most of the workers of the spiritual gift of healing think that all diseases come from one's sins and evil spirit. They believe that a patient regains his healthy body and spirit by driving out the demon of ill health. That's why they drive out demons in Jesus' name.

의과를 졸업하고 전문의가 되듯이 신유의 은사를 받고 난 후 본인의 특기 부분이 생겨납니다. 정신병을 잘 고치거나, 외과 쪽으로 치유가 두드러지거나, 암 치유, 허리 치유, 임신 등 잘 치료되는 부위가 드러나는 경우가 많으며 하나님께서 사람들을 다양하게 사용하십니다.

주지해야 할 사실은 의사가 되는 것도 10년 세월이 흘러야 되듯이, 은사들 특히 신유, 예언, 통역 등과 같이 타인의 신앙과 관련이 깊은 것은 하나님께서 오랫동안 훈련시키시는 경우가 많습니다. 수련의 때 전문의 밑에서 배우면 효과적이고 시간을 단축할 수 있듯이 신유 은사는 하나님께서 영적 지도자를 붙여 주시는 경우가 대부분입니다. 하지만 하나님께서 붙여주신 스승이나 선배의 충고와 훈련과정을 무시하기 때문에 훌륭한 사역자가 되지 못하고 잘못된 길을 가는 은사자들이 적지 않았습니다. 이러한 폐단이 한국 교회가 영적 은사자를 거부하는 현상을 초래하기도 하였습니다.

일반적으로 대부분 신유 은사자의 사고 속에는 병은 죄와 마귀로부터 온다고 보고 있습니다. 그래서 병마를 쫓아낼 때, 병을 내보낼 때, 건강한 육체와 정신을 되찾을 수 있다고 봅니다. 그렇기 때문에 예수 이름으로 축사(逐邪)하는 것입니다.

(e.g.) "I command you OOO-demon (OOO-demon of ill health, OOO-disease) in the name of Jesus of Nazareth to go out of this man and shall not come again."

In addition to this, the people bestowing the spiritual gift of healing must not overlook the possibility that they might be suppressed by the evil spirit or that they might be infected by the contagious diseases while they place their hands on the patients. (Act 19:13-16) Therefore, when the work of healing is finished, the healer should pray for driving away the power of infectious diseases and evil spirit before going to bed. If the healer ignores this, he himself is apt to be taken ill afterwards.

The difference between a spiritual doctor and a medical doctor is as follows. A medical doctor always asks the patient, "What's wrong with you?" And then the healer of spiritual gift, a spiritual doctor, can clearly see the patient's disease and penetrate into the power of the evil spirit. Usually, he drives away diseases through the subjective symptom of his own body, and in many cases he perceives what is wrong with the patient through his own body's pain.

The spiritual gift of healing is possible for every believer, but the healer of transcendental spiritual gift is superior to the healing of the layman believers. The biblical paragraphs of Psalm 91: in the Old Testament and the Lord's Prayer and the hymns in praise of Christ (Philem 2:5-11) are helpful. Those verses contain the name of Jesus and they are greatly helpful for healing and driving demons out. Fasting or praying is also effective in the work of healing, because a demon is a being of eating and drinking, and the demon is thought to leave when we observe a fast. (1 Cor 10:14-22) Especially, the hymnals of the precious blood of Jesus are surprisingly effective in terms of treatment power.

(예) "나사렛 예수 그리스도의 이름으로 명하노니 OOO귀신아(OOO병마야, OOO병아) 이 사람에게서 떠나고 다시는 들어오지 말지어다."

한편 신유 은사자들이 안수할 때 마귀에게 눌리거나 병이 자신에게 옮겨올 수도 있음을 간과해서는 안 됩니다(행 19:13-16 '스게와와 일곱 아들'). 따라서 치료 사역이 끝난 후 자신에게 옮겨온 병과 마귀의 세력을 물리치는 기도를 한 후 취침에 들어가야 합니다. 이것을 무시하면 후에 은사자 자신이 병들게 됩니다. 영적 의사가 세상 의사와 다른 것은 세상 의사는 반드시 어디가 아파서 오셨느냐고 질문합니다. 그런데 영적 의사인 은사자는 병이 보이고 마귀의 세력을 꿰뚫어 봅니다.

또 은사자는 자기 몸의 자각증세를 통해서 질병을 알아냅니다. 그래서 그는 자기 몸의 통증을 통해서 환자의 아픈 부위를 자각하기 때문에 환자의 질병을 미리 깨닫게 되는 경우가 많습니다.

병 고치는 은사는 누구나 가능하지만 초월적 신유 은사자는 일반 교인의 치유 사역을 훨씬 넘어섭니다. 성경 귀절은 구약에서는 시편 91편, 신약에서는 주기도문, 그리스도의 찬가(빌 2:5-11)와 같이 예수님의 이름이 들어간 성구가 치료와 축귀(逐鬼)에 큰 도움이 됩니다. 금식이나 기도가 치유사역에 효과가 좋은데 그 원인은 귀신이란 먹고 마시는 존재이기 때문에 금식하면 귀신이 떠나간다고 보고 있습니다(고전 10:14-22). 특별히 보혈 찬송은 놀라운 치료의 권능이 나타납니다.

> "그럼에도 불구하고 이런 종류는 기도와 금식을 통하지 않고는 나가지 아니하느니라 하시니라"(마 17:21, KJV)
>
> "그런즉 내가 무엇을 말하느냐 우상의 제물은 무엇이며 우상은 무엇이냐 무릇 이방인이 제사하는 것은 귀신에게 하는 것이요 하나님께 제사하는 것이 아니니 나는 너희가 귀신과 교제하는 자가 되기를 원하지 아니하노라 너희가 주의 잔과 귀신의 잔을 겸하여 마시지 못하고 주의 식탁과 귀신의 식탁

21 Howbeit this kind goeth not out but by prayer and fasting. (Matt 17:21) (KJV)

19 Do I mean then that food sacrificed to an idol is anything, or that an idol is anything? 20 No, but the sacrifices of pagans are offered to demons, not to God, and I do not want you to be participants with demons. 21 You cannot drink the cup of the Lord and the cup of demons too; you cannot have a part in both the Lord's table and the table of demons. 22 Are we trying to arouse the Lord's jealousy? Are we stronger than he? (1 Cor 10:19-22)

What we need to pay attention to, when healing is finished, is that the healer should not be glorified and should confess that everything is done by the grace of God and God's power alone. Even though we are filled with the Holy Spirit, receive spiritual gift, or miracle takes place, that does not mean that we have become special men. The life filled with the Holy Spirit means that the relationship between God and myself, husband and wife, parents and children, and the place of work and myself become normal as we see in Ephesians 5:18-6:9.

When we are filled with the Holy Spirit, if a woman looks like a block of wood, and then we are apt to fall into arrogance and temptation. When a revivalist finishes his graceful revival meeting and feels tired, he is not supposed to ask a young lady to massage his shoulders and legs. When he politely confess that God only used his own self and all things have been done by God, he can maintain his spiritual gift continuously.

12 When Peter saw this, he said to them: "Fellow Israelites, why does this surprise you? Why do you stare at us as if by our own power or godliness we had made this man walk?" (Act 3:12)

에 겸하여 참여하지 못하리라 그러면 우리가 주를 노여워하시게 하겠느냐 우리가 주보다 강한 자냐"(고전 10:19-22)

치료될 때 주의할 점은 자신이 영광받지 않도록 해야 하며 모든 것이 주님의 은혜요 권능임을 고백해야 합니다. 성령충만 하거나 은사를 받거나 이적이 나타날 때 우리가 특별한 사람이 된 것은 아닙니다. 성령충만의 삶은 에베소서 5:18-6:9에서 볼 수 있듯이 하나님과의 관계, 부부 관계, 부모자식 관계 그리고 직장관계가 정상이 되는 삶입니다.

성령충만하다고 여자가 나무토막처럼 보이는 것으로 오해를 하면 교만과 유혹에 빠지기 쉽습니다. 부흥사가 은혜를 끼치고 여자 청년에게 피곤하니까 주물러 달라고 요청하면 안됩니다. 하나님이 자신을 사용하신 것뿐이며 모든 일은 하나님께서 하셨다는 겸손한 고백이 늘 있을 때 은사를 유지할 수 있습니다.

"베드로가 이것을 보고 백성에게 말하되 이스라엘 사람들아 이 일을 왜 놀랍게 여기느냐 우리 개인의 권능과 경건으로 이 사람을 걷게 한 것처럼 왜 우리를 주목하느냐"(행 3:12)

Furthermore, the person who has been healed is expected to be connected to the life of salvation, not only being recovered. (Luk 17:11-19—A Samaritan leper who thanked Jesus) We should be careful not to go back to our old sins lest we fall sick again. (Matt 12:43-45; Luk 11:24-26)

> 43 “When an impure spirit comes out of a person, it goes through arid places seeking rest and does not find it. 44 Then it says, ‘I will return to the house I left.’When it arrives, it finds the house unoccupied, swept clean and put in order. 45 Then it goes and takes with it seven other spirits more wicked than itself, and they go in and live there. And the final condition of that person is worse than the first. That is how it will be with this wicked generation.”(Matt 12:43-45)
>
> 14 Later Jesus found him at the temple and said to him, “See, you are well again. Stop sinning or something worse may happen to you.”(John 5:14)

한 걸음 더 나아가 병고침을 받은 사람은 단지 질병치유에 그칠 것이 아니라 구원의 삶까지 연결되어야 합니다(눅 17:11-19 '예수님께 감사한 사마리아인 나병환자'). 다시 옛 죄로 돌아가서 더 심한 병이 생기지 않도록 조심해야 합니다(마 12:43-45; 눅 11:24-26).

"더러운 귀신이 사람에게서 나갔을 때에 물 없는 곳으로 다니며 쉬기를 구하되 얻지 못하고 이에 이르되 내가 나온 내 집으로 돌아가리라 하고 가서 보니 그 집이 청소되고 수리되었거늘 이에 가서 저보다 더 악한 귀신 일곱을 데리고 들어가서 거하니 그 사람의 나중 형편이 전보다 더 심하게 되느니라"(마 12:43-45)

"그 후에 예수께서 성전에서 그 사람을 만나 이르시되 보라 네가 나았으니 더 심한 것이 생기지 않게 다시는 죄를 범하지 말라 하시니"(요 5:14)

2-5 The Performing of Power

In connection with the spiritual gift of performing of power, the spiritual gift of faith and the spiritual gift of healing usually go hand-in-hand. For instance, in the incident (Act 3:1-10) that a crippled man at the temple gate called 'Beautiful' was raised, the bodily instruments that created a miracle were eyes, mouth, and hands.

> **4 Peter looked straight at him, as did John. Then Peter said, "Look at us!"5 So the man gave them his attention, expecting to get something from them. 6 Then Peter said, "Silver or gold I do not have, but what I do have I give you. In the name of Jesus Christ of Nazareth, walk."7 Taking him by the right hand, he helped him up, and instantly the man's feet and ankles became strong. (Act 3:4-7)**

Non-believers also emphasize "the rein of one's tongue" on the ground that a thoughtless remark becomes a source of calamity. When God's power comes on you, much more powerful ability than that of usual language appears. (1 Cor 4:20—"For the kingdom of God is not a matter of talk but of power.") Accordingly, the person who received the Holy Spirit never talks recklessly, having recognized the power and ability of lips.

The person who received the spiritual gift of power thinks that his way will progress favorably and turn in his favor if only he watches it.

24 "What the wicked dread will overtake them; what the righteous desire will be granted."(Prov 10:24)

And he believes that his hands will become powerful when he places his hands on, and the Holy Spirit will come on him and blessing will also be with him.

2-5 능력 행함

능력 행함의 은사는 믿음의 은사나 신유의 은사와 함께 가는 경우가 많습니다. 일례로 성전 미문의 앉은뱅이를 일으킨 사건(행 3:1-10)을 보면 기적을 창출한 신체의 도구가 눈, 입, 손 세 곳입니다.

> "베드로가 요한과 더불어 주목하여 이르되 우리를 보라 하니 그가 그들에게서 무엇을 얻을까 하여 바라보거늘 베드로가 이르되 은과 금은 내게 없거니와 내게 있는 이것을 네게 주노니 나사렛 예수 그리스도의 이름으로 일어나 걸으라 하고 오른손을 잡아 일으키니 발과 발목이 곧 힘을 얻고"(행 3:4-7)

믿지 않는 사람도 '말이 씨가 된다'고 하면서 입조심을 강조합니다. 하지만 하나님의 능력이 임하면 일반적인 언어생활보다 훨씬 강력한 하나님의 능력이 나타납니다(고전 4:20 "하나님의 나라는 말에 있지 않고 오직 능력에 있음이라"). 따라서 성령받은 사람은 입술의 권세와 능력을 인지하고 함부로 말하지 않습니다.

능력의 은사를 받은 사람은 자신이 바라보면 길이 잘 열리고 형통하다고 생각합니다

"악인에게는 그 두려워하는 것이 임하거니와 의인은 그 원하는 것이 이루어지느니라"(잠 10:24).

또한 손에도 권능이 생겨서 안수를 해줄 때 성령임재가 되고 축복이 임하게 됨을 믿습니다.

(1) The power of language

- ●Isaac's prayer of blessing (Gen 27:27-29)
- ●Aaron's (Priest's) prayer of blessing (Num 6:22-27)
- ●Paul's prayer of blessing (2 Cor 13:13; Eph 1:15-19; Php 1:9-11; Col 1:9-11, etc.)

However, the greatest power expressed by lips is the power of gospel.

> **17 For in the gospel the righteousness of God is revealed—a righteousness that is by faith from first to last, just as it is written: "The righteous will live by faith."(Rom 1:17)**

(2) The power of hands

① Laying of hands on for blessing

Jacob laid his hands on the head of Ephraim and Manasseh (his grandsons) and blessed them. (Gen 48:14)

② Laying of hands for the transmitting of ability and official duties

- ●Moses laid his hands on Joshua, and Joshua was filled with the spirit of wisdom. (Deut 34:9)
- ●Through laying of hands on the head, official duty was transmitted. (Num 8:10; Act 6:6; 1 Tim 4:14; Act 13:13; —laying hands on the head for missionaries)

③ Prayer of laying of hands for blessing and curing

- ●Jesus prayed laying hands for blessing of children. (Matt 19:13; Mark 10:16)
- ●Jesus prayed laying hands for curing. (Mark 6:5; Mark 7:32; Mark 8:32; Act 28:8)

We are performing these, because Jesus' achievements are our mission

(1) 언어의 능력

●이삭의 축복기도(창 27:27-29)

●아론(제사장)의 축복기도(민 6:22-27)

●바울의 축도(고후 13:13; 엡 1:15-19; 빌 1:9-11; 골 1:9-11 등)

하지만 입술로 표현되는 가장 큰 능력은 복음의 능력입니다.

"복음에는 하나님의 의가 나타나서 믿음으로 믿음에 이르게 하나니 기록된 바 오직 의인은 믿음으로 말미암아 살리라 함과 같으니라"(롬 1:17)

(2) 손의 능력

① 축복을 위한 안수

야곱이 손자 에브라임과 므낫세를 안수하며 축복했습니다(창 48:14).

② 능력과 직임의 전수를 위한 안수

●모세가 여호수아에게 안수하니 지혜의 영이 충만해졌습니다(신 34:9).

●안수를 통해 직분이 전수되었습니다(민 8:10; 행 6:6; 딤전 4:14; 행 13:3 '선교사 안수').

③ 축복과 치료를 위한 안수기도

●예수님의 어린이 축복을 위한 안수기도(마 19:13; 막 10:16)

●치료를 위한 예수님의 안수기도(막 6:5; 막 7:32; 막 8:32; 눅 13:13; 행 28:8)

예수님의 행적이 우리의 사명과 생활의 예표이므로 이를 행하는 것입니다.

●사도들의 치유 안수(행 4:30; 행 9:12; 9:17)

and the illustration of our life.

●Apostle's laying of hands for healing (Act 4:30; Act 9:12; 9:17)

④ Prayer of laying of hands for receiving the Holy Spirit

●In the Acts of the Apostles, the ways of Holy Spirit's coming on are prayer (Act 2:1-4), repentance (Act 2:38), sermon (Act 10:44-46) and laying hands on. (Act 8:17; 19:6)

⑤ Prayer of laying of hands for awaking sleeping spiritual gift

6 For this reason I remind you to fan into flame the gift of God, which is in you through the laying on of my hands. (2 Tim 1:6)

We should be careful not to lay hands on anyone at random.

18 When Simon saw that the Spirit was given at the laying on of the apostles'hands, he offered them money 19 and said, "Give me also this ability so that everyone on whom I lay my hands may receive the Holy Spirit."20 Peter answered: "May your money perish with you, because you thought you could buy the gift of God with money!" (Act 8:18-20)

22 Do not be hasty in the laying on of hands, and do not share in the sins of others. Keep yourself pure. (1 Tim 5:22)

(3) The power of eyes (The law of watching)

When we cherish and watch something, the road will be opened before us. When we watch something, God also watches toward what his children are watching.

37 Jacob, however, took fresh-cut branches from poplar, almond and plane trees and made white stripes on them by peeling the bark and exposing the white inner wood of the branches. 38 Then

④ 성령을 받는 안수기도

●사도행전에서 성령님이 임재하는 방편은 기도(행 2:1-4), 회개(행 2:38), 설교(말씀)(행 10:44-46), 안수(행 8:17; 19:6)입니다.

⑤ 잠든 은사를 일깨우는 안수기도

"그러므로 내가 나의 안수함으로 네 속에 있는 하나님의 은사를 다시 불일 듯 하게 하기 위하여 너로 생각하게 하노니"(딤후 1:6)

주의할 점은 아무에게나 경솔히 안수해서는 안 됩니다.

"시몬이 사도들의 안수로 성령 받는 것을 보고 돈을 드려 이르되 이 권능을 내게도 주어 누구든지 내가 안수하는 사람은 성령을 받게 하여 주소서 하니 베드로가 이르되 네가 하나님의 선물을 돈 주고 살 줄로 생각하였으니 네 은과 네가 함께 망할지어다"(행 8:18-20)

"아무에게나 경솔히 안수하지 말고 다른 사람의 죄에 간섭하지 말며 네 자신을 지켜 정결하게 하라"(딤전 5:22)

(3) 눈의 능력(바라봄의 법칙)

우리가 마음에 품고 바라보면 길이 열리게 됩니다. 우리가 바라보면 하나님께서 당신의 자녀가 보고 있는 쪽을 바라보십니다.

"야곱이 버드나무와 살구나무와 신풍나무의 푸른 가지를 가져다가 그것들의 껍질을 벗겨 흰 무늬를 내고 그 껍질 벗긴 가지를 양 떼가 와서 먹는 개천의 물 구유에 세워 양 떼를 향하게 하매 그 떼가 물을 먹으러 올 때에 새끼를 배니 가지 앞에서 새끼를 배므로 얼룩얼룩한 것과 점이 있고 아롱진

he placed the peeled branches in all the watering troughs, so that they would be directly in front of the flocks when they came to drink. When the flocks were in heat and came to drink, 39 they mated in front of the branches. And they bore young that were streaked or speckled or spotted. (Gen 30:37-39)

In addition to this, the power of concentration, which causes the transcendental efficiency of work, can be said to belong to the spiritual gift of power. However, in order to give rise to power, one should follow the principle of love, thinking of the glory of God. In other words, when one has his incentive and necessity, God works for him.

(4) Matters of special attention for those who received power

Before Jesus began his work, when he was baptized by St. John, the Holy Spirit descended like a dove. (Matt 3:16) The Holy Spirit is described by diverse symbols in the Bible like vitality, wind, fire, water, oil, seal, and the like. And then why should it be 'a dove' here? Probably, that's because a dove is judged to be a pure and domicile character of the Holy Spirit. This scene contains the figure of the Holy spirit who wants the person with spiritual gift to be mild and not becomes hot-blooded or get into rage while working.

In the Bible, Moses flew into a fit of rage three times.

The first time, his rage made him kill a man (Exod 2:11-15), and he lived a life of enduring for forty years while he fled to Midian. The period was a sequestered time so that God may make Moses amend his character, possibly, forty-year life of exile, or time of punishment.

The second time, when he came down from Mount Sinai after having

것을 낳은지라"(창 30:37-39)

이 외에도 초월적인 일의 효율을 가져오는 집중력도 능력의 은사에 속한다고 할 수 있습니다. 그러나 능력을 일으키기 위해서는 반드시 하나님 영광을 생각하며 사랑의 원리를 따라서 해야 합니다. 즉, 분명한 동기와 필요성이 있을 때 하나님께서 역사하십니다.

(4) 능력받은 사람이 조심할 점

예수님께서는 사역을 시작하시기 전 세례요한에게 세례를 받으실 때 성령이 비둘기같이 임하셨습니다(마 3:16). 성령님은 생기, 바람, 불, 물, 기름, 인(印) 등 여러 종류의 상징으로 성경 속에 나타나는데 왜 하필이면 비둘기일까요? 아마도 순결하고 온순하신 성령님의 품성을 보여주는 것이라 판단할 수 있습니다. 이 장면은 능력을 받은 분들이 사역을 하면서 혈기나 분노가 생길 수 있지만 온유하길 원하시는 성령님의 모습이 내포되어 있습니다.

모세는 성경에서 크게 3번 혈기를 부렸습니다.

첫 번째 혈기로 살인을 하고(출 2:11-15) 미디안으로 도피하는 인고의 40년을 살았습니다. 하나님께서 모세의 성격을 고치시는 은둔의 세월이요, 어찌보면 유배 40년, 형벌의 시간이었습니다.

두 번째 혈기는 모세가 40일 금식 후 시내산에서 내려오자 아론과 백성들이 금송아지를 만들어 하나님이라고 숭배하는 변질된 신앙을

forty days of fasting, his anger burned to see the degenerated faith that Aaron and the people made a golden calf and worshiped it as God. (Exod 32:19) Moses destroyed the golden calf by throwing the tablets of the Ten Commandments. Even though it was a righteous indignation for God, Moses had another forty days of fast at the risk of his life in order to receive the tablets of the Ten Commandments again. (Exod 34:1-9)

Last of all, the third time, his rage appears in chapter 20 of Numbers. When Moses was distressed due to the death of his sister, Miriam, the people demanded an explanation in want of water. Moses said, "Listen, you rebels, must we bring you water out of this rock?" Then Moses raised his arm and struck the rock twice with his staff. (Numb 20:19b-20a) Water gushed out, but Moses did not glorify God in front of Israel. Ultimately, he could not enter Canaan, only watching it from Mount Nebo.

The nickname of James and John is Bounerges. (Sons of Thunder) One day, Jesus and a party of his disciples were going to put up at a Samaritan family, but the Samaritan, who had bad feelings against Israel, refused it. James and John said to Jesus, "Lord, do you want us to call fire down from heaven to destroy them?" (Luk 9:54) Jesus reproached them and moved to another village. From this scripture we notice that the two disciples were overconfident in mind that they could call fire down from heaven. But Jesus prevented them from using God's power for revenge.

Just as the case of Moses, when a man of spiritual gift gets angry, the anger not only does harm to him but also causes a great damage to others. On account of anger, Elijah consumed a captain with his company of fifty men who were sent to him by King Ahab two times without any wrong-doings. (2 King 1:9-12)

목격하자 울분이 솟아오르는데서 볼 수 있습니다(출 32:19). 모세는 하나님께 받은 십계명을 집어던져 금송아지를 파괴하였습니다. 하나님을 위한 의분이었지만 결국 모세는 다시 한 번 생명을 건 40일 금식을 하고 십계명을 하나님께로부터 재차 받아야만 했습니다(출 34:1-9).

세 번째 혈기는 민수기 20장에 나타납니다. 누나 미리암이 죽어 마음이 아플 때 백성들이 물이 없다고 모세에게 따집니다. 모세는 "반역한 너희여 들으라 우리가 너희를 위하여 이 반석에서 물을 내랴" 하고 모세가 손을 들어 그의 지팡이로 반석을 두 번 쳤습니다(민 20:10b-11a). 물은 솟았지만 이스라엘 목전에서 하나님의 영광을 나타내지 않으므로 모세는 가나안에 들어가지 못하고 느보산에서 바라봐야만 했습니다.

주님의 제자 야고보와 요한은 별명이 보아너게(우레의 아들)였습니다(막 3:17).

어느 날 예수님과 제자 일행이 사마리아인의 가정에 투숙하려고 하는데 예루살렘에 대한 감정이 좋지 않았던 사마리아인이 이를 거절합니다. 야고보와 요한은 예수님께 "우리가 불을 명하여 하늘로부터 내려 저들을 멸하라 하기를 원하시나이까"(눅 9:54)라고 질문하자 예수님은 꾸짖으시고 다른 마을로 옮기셨습니다. 이 귀절을 보면 두 제자 심중에 불을 끌어 내릴 수 있는능력을 자신하고 있음을 알 수 있습니다. 하지만 하나님은 감정적인 복수에 하나님의 능력을 사용하지 못하도록 막으셨습니다.

능력받은 사람이 분노하면 모세의 경우처럼 자신에게 손해가 있을 뿐 아니라 타인에게도 큰 해를 입힐 수 있습니다. 엘리야는 분노함으로 아무 잘못없는 아합 왕이 파견한 오십부장과 그의 군사 오십명을 불로 두 번이나 살랐습니다(왕하 1:9-12).

사랑의 선지자였던 엘리사도 자기를 대머리라고 놀리는 아이들에게

When Elisha, the prophet of love, was enraged to hear that some children were making fun of him, calling him 'bald-head', two bears came out of the woods and mauled forty-two out of the children. (2 King 2:23-24)

> 9 Then he sent to Elijah a captain with his company of fifty men. The captain went up to Elijah, who was sitting on the top of a hill, and said to him, "Man of God, the king says, 'Come down!'"10 Elijah answered the captain, "If I am a man of God, may fire come down from heaven and consume you and your fifty men!"Then fire fell from heaven and consumed the captain and his men. (2 King 1:9-10)
>
> 23 From there Elisha went up to Bethel. As he was walking along the road, some boys came out of the town and jeered at him. "Get out of here, baldy!"they said. "Get out of here, baldy!"24 He turned around, looked at them and called down a curse on them in the name of the Lord. Then two bears came out of the woods and mauled forty-two of the boys. (2 King 2:23-24)

Therefore, a man who received God's power should be careful of anger, because when he gets angry, Satan can take advantage of his anger.

> 26 "In your anger do not sin": Do not let the sun go down while you are still angry, 27 and do not give the devil a foothold. (Ephe 4:26-27)

Even if a man performs a great power, he should always be polite and know that his power falls short of Jesus' salvation. When God's power appears through him, he must give glory to God and hide himself behind the cross, for this time is a dangerous moment. Therefore, we should make Jesus our model who went up to the Mount of Olives, and prayed even after he performed God's power.

> 23 After he had dismissed them, he went up on a mountainside

격분하자 수풀에서 암곰들이 나와 아이들 중 사십이명을 찢었습니다 (왕하 2:23-24).

"이에 오십부장과 그의 군사 오십 명을 엘리야에게로 보내매 그가 엘리야에게로 올라가 본즉 산 꼭대기에 앉아 있는지라 그가 엘리야에게 이르되 하나님의 사람이여 왕의 말씀이 내려오라 하셨나이다 엘리야가 오십부장에게 대답하여 이르되 내가 만일 하나님의 사람이면 불이 하늘에서 내려와 너와 너의 오십 명을 사를지로다 하매 불이 곧 하늘에서 내려와 그와 그의 군사 오십 명을 살랐더라"(왕하 1:9-10)

"엘리사가 거기서 벧엘로 올라가더니 그가 길에서 올라갈 때에 작은 아이들이 성읍에서 나와 그를 조롱하여 이르되 대머리여 올라가라 대머리여 올라가라 하는지라 엘리사가 뒤로 돌이켜 그들을 보고 여호와의 이름으로 저주하매 곧 수풀에서 암곰 둘이 나와서 아이들 중의 사십이 명을 찢었더라" (왕하 2:23-24)

그러므로 능력받은 자는 분노를 조심하여야 합니다. 분노할 때 마귀가 틈탈 수 있기 때문입니다.

"분을 내어도 죄를 짓지 말며 해가 지도록 분을 품지 말고 마귀에게 틈을 주지 말라"(엡 4:26-27)

그뿐만 아니라 아무리 큰 능력을 행한다고 할지라도 예수님의 구원에 미칠 수 없음을 알고 하나님 앞에 늘 겸손하고, 능력이 나타날 때 하나님께 영광을 돌리며 십자가 뒤에 숨어야 하겠습니다. 그 때가 위험한 때이기 때문입니다. 그러므로 능력을 행하시고 감람산에 올라가서 기도하셨던 예수님을 본받기를 바랍니다.

"무리를 보내신 후에 기도하러 따로 산에 올라가시니라 저물매 거기 혼자 계시더니"(마 14:23 / '오병이어의 역사 이후에 산으로 가서 기도하시는 예

by himself to pray. Later that night, he was there alone, (Jesus praying on the mount after the incident of 'five loaves and two fish.') (Matt 14:23)

17 The seventy-two returned with joy and said, "Lord, even the demons submit to us in your name."18 He replied, "I saw Satan fall like lightning from heaven. 19 I have given you authority to trample on snakes and scorpions and to overcome all the power of the enemy; nothing will harm you. 20 However, do not rejoice that the spirits submit to you, but rejoice that your names are written in heaven."(Luke 10:17-20)

수님')

"칠십 인이 기뻐하며 돌아와 이르되 주여 주의 이름이면 귀신들도 우리에게 항복하더이다 예수께서 이르시되 사탄이 하늘로부터 번개 같이 떨어지는 것을 내가 보았노라 내가 너희에게 뱀과 전갈을 밟으며 원수의 모든 능력을 제어할 권능을 주었으니 너희를 해칠 자가 결코 없으리라 그러나 귀신들이 너희에게 항복하는 것으로 기뻐하지 말고 너희 이름이 하늘에 기록된 것으로 기뻐하라 하시니라"(눅 10:17-20)

2-6 The Spiritual Gift of Prophecy

The work of prophecy is divided broadly into two categories. One is the work of preaching on the basis of the words of prophecy shown in the Old and New Testaments. Most of the conservative theologians and pastors focus on this work. The other one is the work that foresees the future in the sense of the word. (1 Thes 5:20—Do not treat prophecies with contempt.) Likewise, in the English Bible, 'foretelling' is specified as 'prophecy'. As we intend to deal with transcendental spiritual gift here, we will intensively explain about only the latter case.

(1) Examples of work of prophecy

① Prophets' work of prophecy in the Old Testament

4 Jonah began by going a day's journey into the city, proclaiming, "Forty more days and Nineveh will be overthrown."(Jona 3:4)

10 This is what the Lord says: "When seventy years are completed for Babylon, I will come to you and fulfill my good promise to bring you back to this place."(Jerem 29:10)

② Jesus' work of prophecy

42 And he brought him to Jesus. Jesus looked at him and said, "You are Simon son of John. You will be called Cephas"(which, when translated, is Peter). (John 1:42)

③ The work of prophecy in the New Testament

28 One of them, named Agabus, stood up and through the Spirit predicted that a severe famine would spread over the entire

2-6 예언의 은사

예언 사역은 크게 두 가지로 대별됩니다. 하나는 신구약 성경에 나타난 예언의 말씀에 입각한 설교 사역입니다. 대부분 보수주의적 신학자와 목회자들은 이 사역에 초점을 맞추고 있습니다. 다른 한 가지는 표현 그대로 앞날을 예견하는 사역입니다(살전 5:20 "예언을 멸시하지 말고"). 이처럼 영어성경에는 '예언'을 'prophecy'라고 명시하고 있습니다. 여기서는 초월적 은사를 다루는 관계로 후자의 경우만 집중해서 설명하려고 합니다.

(1) 예언 사역의 용례

① 구약 선지자들의 예언 사역

"요나가 그 성읍에 들어가서 하루 동안 다니며 외쳐 이르되 사십 일이 지나면 니느웨가 무너지리라 하였더니"(욘 3:4)

"여호와께서 이와 같이 말씀하시니라 바벨론에서 칠십 년이 차면 내가 너희를 돌보고 나의 선한 말을 너희에게 성취하여 너희를 이 곳으로 돌아오게 하리라"(렘 29:10)

② 예수님의 예언 사역

"데리고 예수께로 오니 예수께서 보시고 이르시되 네가 요한의 아들 시몬이니 장차 게바라 하리라 하시니라"(요 1:42)

③ 신약의 예언 사역

"그 중에 아가보라 하는 한 사람이 일어나 성령으로 말하되 천하에 큰 흉년이 들리라 하더니 글라우디오 때에 그렇게 되니라"(행 11:28)

"이 예언의 말씀을 읽는 자와 듣는 자와 그 가운데에 기록한 것을 지키는

Roman world. (This happened during the reign of Claudius.) (Act 11:28)
3 Blessed is the one who reads aloud the words of this prophecy, and blessed are those who hear it and take to heart what is written in it, because the time is near. (Rev. 1:3)

The Bible is a book in which numerous prophecies and achievements are recorded.

(2) The importance of the work of prophecy in the Bible

A priest asked for the will of God through the Urim and the Thummim on the ephod. When the Urim was chosen, scholars regarded it as 'approval' on the whole. In the times of David, when they began a war, they surely asked God.(1 Sam 30:7-8; 2 Sam 5:17-21, 5:22-25) God was enraged in case they asked for an alien god other than Almighty God.

6 "A man came to meet us,"they replied. "And he said to us, 'Go back to the king who sent you and tell him, "This is what the Lord says: Is it because there is no God in Israel that you are sending messengers to consult Baal-Zebub, the god of Ekron? Therefore you will not leave the bed you are lying on. You will certainly die!"(2 King 1:6)
13 Saul died because he was unfaithful to the Lord; he did not keep the word of the Lord and even consulted a medium for guidance, 14 and did not inquire of the Lord. So the Lord put him to death and turned the kingdom over to David son of Jesse. (1 Chron 10:13-14)

자는 복이 있나니 때가 가까움이라"(계 1:3)

성경은 수 많은 예언과 성취로 기록된 책입니다.

(2) 성경에서 찾아본 예언 사역의 중요성

대제사장은 에봇의 우림과 둠빔으로 하나님의 뜻을 구하였습니다. 학자들은 대체로 우림이 뽑혔을 때 하나님의 허락으로 보았으며 다윗 시대 때는 전쟁을 할 때 꼭 하나님께 여쭈어 보았습니다(삼상 30:7-8; 삼하 5:17-21; 5:22-25 등). 하나님께 여쭈어 보지 않고 이방신에게 묻는 것을 하나님은 진노하셨습니다.

"그들이 말하되 한 사람이 올라와서 우리를 만나 이르되 너희는 너희를 보낸 왕에게로 돌아가서 그에게 고하기를 여호와의 말씀이 이스라엘에 하나님이 없어서 네가 에그론의 신 바알세붑에게 물으려고 보내느냐 그러므로 네가 올라간 침상에서 내려오지 못할지라 네가 반드시 죽으리라 하셨다 하라 하더이다"(왕하 1:6)
"사울이 죽은 것은 여호와께 범죄하였기 때문이라 그가 여호와의 말씀을 지키지 아니하고 또 신접한 자에게 가르치기를 청하고 여호와께 묻지 아니하였으므로 여호와께서 그를 죽이시고 그 나라를 이새의 아들 다윗에게 넘겨 주셨더라"(대상 10:13-14)

(3) The ways God responds (How to hear God's voice)

① God tells through the words of the Bible.

② God tells through the words of preaching. Just as we find that an interesting advertisement comes into our eyes while watching TV, the title of preaching pops into our head as the words of rhema while praying.

③ God tells through the people who received the Holy Spirit and through the leaders of faith. David repented through a priest by the name of Nathan.

④ Even though the case is very rare, God tells with his own voice. Abraham heard the voice of God six times between when he was 75 and 175 years old. On average, he heard God's voice every 22 years. Samuel also experienced God's voice.

9 So Eli told Samuel, "Go and lie down, and if he calls you, say, 'Speak, Lord, for your servant is listening.'"So Samuel went and lay down in his place. (1 Sam 3:9)

⑤ God tells through all things. (Rom 1:20)

⑥ God tells through dreams and visions. Generally speaking, God gives the dreams and visions after an overnight prayer or a resolve prayer.

●Solomon's thousand burnt offerings (1 King 3:4-15)

15 Then Solomon awoke—and he realized it had been a dream. He returned to Jerusalem, stood before the ark of the Lord's covenant and sacrificed burnt offerings and fellowship offerings. Then he gave a feast for all his court. (1 King 3:15)

●Paul's vision at Bithynia (Act 16:6-10)

⑦ God appeals to our reason.

●God lets us realize while we read the books of faith.

(3) 하나님이 응답하시는 방법(하나님의 음성을 듣는 법)

① 성경 말씀을 통해서 말씀하십니다.

② 설교 말씀을 통해서 말씀하십니다.

우리가 TV를 보다가 관심 있는 광고가 눈에 들어오듯 우리 기도 제목이 설교시간에 레마의 말씀으로 마음속에 부딪쳐 옵니다.

③ 성령받은 사람, 신앙의 지도자를 통해서 말씀하십니다.

다윗이 나단 선지자를 통해 회개를 했습니다.

④ 희귀한 일이긴 하지만 음성으로 말씀하실 때가 있습니다.

아브라함은 75세부터 175세까지 하나님 음성을 6번 들었습니다. 22년에 한 번 꼴로 들은 것입니다. 사무엘도 하나님의 음성을 경험했습니다.

"엘리가 사무엘에게 이르되 가서 누웠다가 그가 너를 부르시거든 네가 말하기를 여호와여 말씀하옵소서 주의 종이 듣겠나이다 하라 하니 이에 사무엘이 가서 자기 처소에 누우니라"(삼상 3:9)

⑤ 만물을 통해 말씀하십니다(롬 1:20).

⑥ 꿈과 환상을 통해 말씀하십니다. 대체로 철야 기도나 작정 기도 후에 하나님께서 꿈과 환상을 주십니다.

●솔로몬의 일천 번제(왕상 3:4-15)

"솔로몬이 깨어 보니 꿈이더라 이에 예루살렘에 이르러 여호와의 언약궤 앞에 서서 번제와 감사의 제물을 드리고 모든 신하들을 위하여 잔치 하였더라"(왕상 3:15)

●바울의 비두니아 환상(행 16:6-10)

⑦ 우리의 이성에 호소하십니다.

●신앙 서적을 읽을 때, 깨닫게 하십니다.

●우리에게 생각을 주십니다. 따라서 상식에 벗어난 응답은 셰어

●Satan also makes a thorough investigation into our thoughts. Therefore, all thoughts are not always God's will.

2 The evening meal was in progress, and the devil had already prompted Judas, the son of Simon Iscariot, to betray Jesus. (John 13:2)

⑧ God tells through a miracle or healing. He lets us realize even through sufferings and diseases.

⑨ God tells through the work of prophecy. (The work of gift of the Holy Spirit)

26 But the Advocate, the Holy Spirit, whom the Father will send in my name, will teach you all things and will remind you of everything I have said to you. (John 14:26)

The workers of prophecy appear in two forms. One is that the assurance given by God occurs to him through his mind or thought while he is praying with the prayer subjects for himself or others. The other is that prayer bursts out of his mouth in spite of himself. When one goes deep into the prayer, unexpected prayers come out of his mouth. This can be said to be a part of the work of prophecy.

링(sharing)을 하면서 응답을 점검해야 합니다.

●마귀도 우리의 생각을 파고듭니다. 따라서 모든 생각이 주의 뜻은 아닙니다.

"마귀가 벌써 시몬의 아들 가룟 유다의 마음에 예수를 팔려는 생각을 넣었더라"(요 13:2)

⑧ 기적이나 치유를 통해 말씀하십니다. 심지어는 고난이나 질병을 주셔서 우리를 깨닫게 하십니다.

⑨ 예언 사역(성령의 은사 사역)을 통해 말씀하십니다.

"보혜사 곧 아버지께서 내 이름으로 보내실 성령 그가 너희에게 모든 것을 가르치고 내가 너희에게 말한 모든 것을 생각나게 하리라"(요 14:26)

예언 사역을 하는 사람들은 주로 두 가지 형태로 나타납니다.

하나는 생각이 떠오르는 것으로 자신이나 타인의 기도제목을 놓고 기도할 때 하나님께서 주시는 확신이 마음이나 생각을 통해 나타납니다.

다른 하나는 입에서 자기도 모르게 기도가 터져 나오는 것입니다.

기도가 깊게 들어갈 때 자기도 생각지 못했던 기도가 자기 입에서 쏟아져 나올 때가 있습니다. 이것이 일종의 예언 사역의 한 부분이라고 말씀 드릴 수가 있습니다.

[Tip] God's Will and the Response of Prayers

The work of prayer takes place when one's mind becomes fit with God. God's will is divided broadly into two. One is called 'Boule' which means the absolute will of God in connection with the salvation on the cross. This cannot be shifted by prayer. Jesus' prayer on the hill of Gethsemane belongs to this case. (Matt 26:36-46; Mark 14:32-42; Luk 22:39-46) In terms of 'Boule', we should submit to God. The other is 'Thelema.' 'Thelema' means the plan that can be changed by God according to the prayer of man. A typical example of it is Jacob's prayer asking for blessing. (Gen 32:24-32) When Jacob solicited God, God complied with his wish. This is an example of the prayer through which Jacob became victorious over God. This is the prayer that moves the throne in heaven.

What we should pay attention to be added here is that God allows what we want when we solicit through prayers, but sometimes we have to be liable for the result. The soliciting prayer for marriage, building a church, or business, etc. corresponds to this case. When we solicit to God, God often allows it reluctantly, but the response may not please God. As an example, when Samson wanted to marry a Philistine woman, his parents objected to it. He was allowed to, but it was not a rejoicing allowance. The example is strikingly similar to this case.

Tip : 하나님의 뜻과 기도 응답

기도는 하나님과 나의 마음이 합할 때 역사가 일어납니다. 하나님의 뜻은 크게 두 가지가 있습니다. 한 가지는 '불레'로 십자가와 구원과 관련된 하나님의 절대적인 뜻입니다. 이것은 기도로 변경시킬 수 없습니다. 예수님의 겟세마네 동산의 기도가 여기에 속합니다(마 26:36-46; 막 14:32-42; 눅 22:39-46). '불레'는 우리가 하나님께 굴복하고 순종해야 합니다. 다른 한 가지는 '델레마'입니다. '델레마'는 사람의 기도로 하나님께서 바꾸실 수 있는 계획입니다. 대표적인 예가 야곱의 축복을 위한 기도입니다(창 32:24-32). 하나님께 기도로 매달렸더니 하나님께서 져 주셨습니다. 야곱이 하나님과 겨루어 이긴 기도의 사례입니다. 하늘 보좌를 움직이는 기도입니다.

덧붙여서 주의할 점은 우리가 강청하여 매달려 기도하면 하나님은 주시지만 우리가 그것에 대한 책임을 져야 하는 경우도 있습니다. 결혼에 대한 강청기도, 성전 건축에 대한 강청기도, 사업에 대한 강청기도 등이 이런 경우에 해당합니다. 우리가 조르면 마지못해 하나님께서 허락을 하지만 기뻐하시지 않는 응답이 있습니다. 마치 삼손이 블레셋 여자를 사랑하여 결혼하려고 할 때 부모가 반대합니다. 억지로 허락을 받았지만 기쁨이 아닌 것과 흡사한 것이라 말씀드릴 수 있습니다.

●The soliciting prayer which God rejoices

▶The prayer that receives the Holy Spirit (Luk 11:5-13)

10 For everyone who asks receives; the one who seeks finds; and to the one who knocks, the door will be opened. 11 "Which of you fathers, if your son asks for a fish, will give him a snake instead? 12 Or if he asks for an egg, will give him a scorpion? 13 If you then, though you are evil, know how to give good gifts to your children, how much more will your Father in heaven give the Holy Spirit to those who ask him!" (Luke 11:10-13)

▶The repeated prayer of an unfair widow (Luk 18:1-8) : Human beings do not like repeated remarks, but God regarded the repeated prayers as faith.

7 And will not God bring about justice for his chosen ones, who cry out to him day and night? Will he keep putting them off? 8 I tell you, he will see that they get justice, and quickly. However, when the Son of Man comes, will he find faith on the earth? (Luke 18:7-8)

●The soliciting prayer that God does not want

15 So he gave them what they asked for, but sent a wasting disease among them. (Psalm 106:15)

●하나님이 기뻐하시는 강청기도

▶성령받는 기도(눅 11:5-13)

"구하는 이마다 받을 것이요 찾는 이는 찾아낼 것이요 두드리는 이에게는 열릴 것이니라 너희 중에 아버지 된 자로서 누가 아들이 생선을 달라 하는데 생선 대신에 뱀을 주며 알을 달라 하는데 전갈을 주겠느냐 너희가 악할지라도 좋은 것을 자식에게 줄 줄 알거든 하물며 너희 하늘 아버지께서 구하는 자에게 성령을 주시지 않겠느냐 하시니라"(눅 11:10-13)

▶억울한 과부의 반복기도(눅 18:1-8) : 인간은 반복된 말을 싫어하지만 하나님은 반복된 기도를 믿음으로 보셨습니다.

"하물며 하나님께서 그 밤낮 부르짖는 택하신 자들의 원한을 풀어 주지 아니하시겠느냐 그들에게 오래 참으시겠느냐 내가 너희에게 이르노니 속히 그 원한을 풀어 주시리라 그러나 인자가 올 때에 세상에서 믿음을 보겠느냐 하시니라"(눅 18:7-8)

●하나님이 원치 않는 강청기도

"그러므로 여호와께서는 그들이 요구한 것을 그들에게 주셨을지라도 그들의 영혼은 쇠약하게 하셨도다"(시 106:15)

(4) Matters of special attention at the time of the work of prophecy

① Prophecies should not go out of the category of the words of God.

② Prophecies are given from God, so there will be a time of silence and no response. We should not intend to receive the response unreasonably. Silence is a kind of a reply. In case the subject of the prayer is too big or in case God disapproves, there is no response. (1 Sam 14:37-38; God who did not respond to Saul's prayer)

③ The work of prophecy is an incomplete work.

29 Two or three prophets should speak, and the others should weigh carefully what is said. (1 Cor 14:29)

As a prophecy can contain a man's thought, one must be careful. If the work is a complete work, it needs no judgment of others. By the way, prophecy is an incomplete work. Accordingly, in terms of prophecy, one needs to assume a posture of accepting the opinions of others. Double checking is needed for the response you received.

[Reference]: In many cases the first response from God is highly probable to be the right one. A man is apt to go wrong way when he tries to ask God, having changed his mind, thinking that God's response is different from his. Please keep company with God more deeply in the words of God, going along with the response you received.

④ You yourself must pass through the training of obeying the voice of God.

(4) 예언 사역시 조심할 점

① 예언은 말씀의 범주를 벗어나면 안됩니다.

② 예언은 하나님이 주시는 것이므로 얼마든지 예언이 안되고 묵묵부답일 때가 있습니다. 억지로 응답을 받으려고 해서는 안됩니다. 묵묵부답도 응답이며 주로 기도제목이 큰 경우이거나, 하나님께서 거부하시는 경우 응답이 없습니다(삼상 14:37-38 '사울에게 응답하지 않으신 하나님').

③ 예언 사역은 불완전 사역입니다.

"예언하는 자는 둘이나 셋이나 말하고 다른 이들은 분별할 것이요"(고전 14:29)

예언은 인간의 생각이 들어갈 수 있으므로 조심해야 합니다. 예언이 완전 사역이면 다른 이들이 분별할 필요가 없습니다. 예언은 불완전 사역입니다. 따라서 예언은 타인의 이야기를 듣고 수용하는 자세가 필요합니다. 응답을 더블 체크(double check)하십시오.

〔참고〕 : 하나님의 응답은 맨 처음 받은 것이 맞는 경우가 많습니다. 내 생각과 달라서 번복하여 하나님께 여쭈어 보려고 할 때 빗나가기 쉽습니다. 받은 응답을 따라 더 깊이 하나님과 말씀 안에서 교제하십시오.

④ 자신부터 하나님의 음성에 순복하는 훈련을 거쳐야 합니다.

⑤ a prophecy is different from the spiritual gift of prophecy. As can be seen in the Old Testament, prophecy means that the words of God is delivered instead of God without addition and subtraction from it through the prophets like Nathan (2 Sam 12:1-15), Isaiah, Jeremiah. On the other hand, the spiritual gift of prophecy is a work through which God's will is delivered in periphrastic expression so that its meaning may be absorbed depending upon the degree of each person's faith in order to give people hope and consolation. Therefore, unlike the prophecy, the spiritual gift of prophecy needs training. In case the spiritual gift of prophecy is used in the wrong way, it gives people a severe hurt or a cause of temptation. We need to bear this mind and should help people meet the love of God's character.

⑥ In order that we may hear God's words well, our soul, mind, and thought should be clean and pure. Keeping our soul, mind and thought clean is absolutely essential so that we can receive God's words with this antenna. The effective cleaning ways of our soul is as follows:

a. Recite the Lord's Prayer and the Apostles' Creed repeatedly.

b. Singing of many hymnals is helpful. (2 King 3:15-17)

c. The time directly after daybreak prayer meeting is good for receiving God's will. That's when our soul and mind are as clear as can be.

d. In many cases the first thought that occurs upon us in the early morning may be God's will.

e. Speaking in tongues cleans up our dirty and ugly thoughts lurked deep in our mind.

⑤ 예언과 예언의 은사와는 다릅니다. 예언은 구약성경에서 볼 수 있듯이 나단 선지자(삼하 12:1-15), 이사야, 예레미야와 같이 하나님의 말씀을 직접 대언하고 가감없이 전하는 것입니다. 한편, 예언의 은사는 하나님의 뜻을 완곡하게 표현하여 상대방의 신앙 정도에 따라 흡수할 수 있도록 소망과 위로를 주는 사역입니다. 따라서 예언과 달리 예언의 은사는 훈련이 필요합니다. 예언의 은사를 잘못 사용하면 큰 상처나 시험거리를 줄 수 있음을 명심하고 인격적인 하나님의 사랑을 만나도록 도와주어야 합니다.

⑥ 하나님의 말씀이 잘 들리기 위해서는 우리 영혼과 마음과 생각이 정결해야 합니다. 하나님의 뜻을 파악하는 안테나가 잘 잡히기 위해서는 우리 영혼과 정신, 마음을 청소하는 것이 절대적으로 중요합니다. 영혼 청소의 방법은 다음과 같은 것들이 효과적입니다.

a. 주기도문, 사도신경을 반복해서 외어 보십시오.

b. 찬양을 많이 부르면 좋습니다(왕하 3:15-17).

c. 새벽기도 후에 응답받기 좋습니다. 우리 영혼과 정신이 가장 맑을 때입니다.

d. 아침에 일어나서 떠오르는 첫 생각이 하나님의 뜻일 경우가 많습니다.

e. 방언은 우리 속에 잠재해 있는 더럽고 추악한 생각들을 청소해 줍니다.

(5) The reason that the work of prophecy causes trouble in our times

① Because many sham prophets exist. (1 King 22:19-23)

23 "So now the Lord has put a deceiving spirit in the mouths of all these prophets of yours. The Lord has decreed disaster for you."(1 King 22:23)

Many sham prophecies have been rampant. For example, a lady at a prayer house, who wants a baby-boy, asks whether she can give birth to a son. In case she bears a boy, she remains a patron, but if a baby-girl is born, that's the end of it. As the Bible teaches us, the sham prophecy has no response. (Ezek 12:22-24) It is the Lord's purpose that prevails. (Prov 19:21b)

② Across the ages and in all countries of the world in past history, some men like Park, Tae-seon and Moon, Seon-myeong appeared, making fraudulent use of Jesus under the good name of prophecy, miracle, and healing, occupying Jesus' position and eventually heading for the road to heresy. Therefore, one should beat oneself so that he may not be arrogant. (1 Cor 9:27)

③ Some workers of prophecy, who jumped into the works of prophecy without getting any training, made many mistakes and committed many things which inflicted hurt upon others. The work of prophecy together with the work of healing should go through much kind of training and guidance. For instance, when a man first opens an English book, it takes him a long time to understand its meaning, and frequently makes mistakes. But when he is guided by an English teacher and makes up for his short-comings, his English ability improves fast and comes to have correct knowledge. Even in this case,

① 가짜 예언자가 많기 때문입니다(왕상 22:19-23).

"이제 여호와께서 거짓말하는 영을 왕의 이 모든 선지자의 입에 넣으셨고 또 여호와께서 왕에 대하여 화를 말씀하셨나이다"(왕상 22:23)

가령, 기도원에 가서 아들을 선호하는 사람이 "아들을 낳겠느냐?"고 물으면 낳는다고 대답하고는 아들을 낳으면 고객이 되고, 딸 낳으면 떨어져 나가면 그만이란 식의 거짓 예언이 횡행(橫行)했기 때문입니다. 성경의 가르침대로 거짓 예언은 응답이 없습니다(겔 12:22-24). 오직 여호와의 뜻만이 완전히 서게 될 것입니다(잠 19:21b).

② 박태선, 문선명 등 예언, 기적, 신유란 이름으로 예수님을 도용하여 자기가 그 위(位)에 앉아서 이단으로 흘렀던 과거 역사가 동서고금을 막론하고 출현했기 때문입니다. 그러므로 교만해지지 않도록 자신을 쳐야 합니다(고전 9:27).

③ 예언 사역자들이 훈련받지 않고 예언 사역에 뛰어들어 실수와 상처주는 일을 많이 자행했기 때문입니다. 예언 사역은 신유 사역과 함께 많은 훈련과 지도를 거쳐야 합니다. 마치 맨 처음 영어책을 대하면 오랜 시간이 걸리고도 틀립니다. 하지만 영어 교사의 지도를 받고, 틀린 점을 보완하며 계속 발전시키면 빠르고 정확합니다. 그러나 이런 경우에도 예언 사역은 불완전 사역이므로 말씀 먹는 것을 게을리하지 말아야 합니다.

the worker of prophecy should not neglect his studies of the words of God, because the work of prophecy is an incomplete work.

④ Prophecies may be interpreted differently. It means that different advice is possible for the same incident. When we read Acts Chapter 20 and 21, the prophecies of Paul and Agabus, a female priest, are the same contents, but each of the priests gave different advice respectively, and was motivated with different behavior.

23 I only know that in every city the Holy Spirit warns me that prison and hardships are facing me. 24 However, I consider my life worth nothing to me; my only aim is to finish the race and complete the task the Lord Jesus has given me—the task of testifying to the good news of God's grace. (God's will has priority.) (Act 20:23-24)

10 After we had been there a number of days, a prophet named Agabus came down from Judea. 11 Coming over to us, he took Paul's belt, tied his own hands and feet with it and said, "The Holy Spirit says, 'In this way the Jewish leaders in Jerusalem will bind the owner of this belt and will hand him over to the Gentiles.'"12 When we heard this, we and the people there pleaded with Paul not to go up to Jerusalem. 13 Then Paul answered, "Why are you weeping and breaking my heart? I am ready not only to be bound, but also to die in Jerusalem for the name of the Lord Jesus."(Paul foretells future itself.) (Act 21:10-13)

The interpretations of the two priests were in accord with each other about the suffering of Paul who was to be in Jerusalem, but Paul proceeded his mission work for Jerusalem on the basis of the mission work given by God. Paul's interpretation was that of higher level of the two.

④ 예언은 해석의 차이가 나타날 수 있습니다. 같은 사건이라도 다른 권면을 할 수 있다는 뜻입니다. 사도행전 20-21장을 보면 바울의 예언과 아가보 여선지자의 예언이 같은 내용이지만 서로 다른 권면과 행동을 유발시켰습니다.

"오직 성령이 각 성에서 내게 증언하여 결박과 환난이 나를 기다린다 하시나 내가 달려갈 길과 주 예수께 받은 사명 곧 하나님의 은혜의 복음을 증언하는 일을 마치려 함에는 나의 생명조차 조금도 귀한 것으로 여기지 아니하노라"(행 20:23-24 '하나님의 뜻을 우선순위에 둠')

"여러 날 머물러 있더니 아가보라 하는 한 선지자가 유대로부터 내려와 우리에게 와서 바울의 띠를 가져다가 자기 수족을 잡아매고 말하기를 성령이 말씀하시되 예루살렘에서 유대인들이 이같이 이 띠 임자를 결박하여 이방인의 손에 넘겨 주리라 하거늘 우리가 그 말을 듣고 그 곳 사람들과 더불어 바울에게 예루살렘으로 올라가지 말라 권하니 바울이 대답하되 여러분이 어찌하여 울어 내 마음을 상하게 하느냐 나는 주 예수의 이름을 위하여 결박 당할 뿐 아니라 예루살렘에서 죽을 것도 각오하였노라 하니"(행 21:10-13 '앞날 자체를 예언함')

바울과 아가보 두 사람은 모두 예루살렘에서 있을 바울의 고난에는 일치했지만 바울은 하나님께서 주신 사명을 앞세운 해석을 바탕으로 예루살렘 선교를 진행했습니다. 바울의 해석이 상위(上位)의 해석입니다.

⑤ As this time is the age of rationalism, the transcendental work is faced with rejection and distrust.

The two branches, which opened the door of new age in the Middle Ages, are the Reformation and the Renaissance. The Renaissance (humanism) means the revival of learning based at Rome in Greece. People were interested in human beings instead of Jesus Christ, The barometer of all things was not Jesus but human beings, and this ideology was succeeded to illuminism in the 17th and 18th centuries. Illuminism started from the thinking that Minerva, a goddess in Rome, other than God's revelation. People thought that Minerva shed light on the human reason.

Going in gear with Newton's law of universal gravitation, people tried to understand the universe by reason instead of Genesis, and aimed at reasonable human beings rather than the children of God. In addition to this, they regarded religion as the central thing. That's why deism came into being and came to reject the redemption, eternal life, and resurrection on the cross, emphasizing reason and the moral of human beings. Deism is a theological trend of believing in only gods who are comprehended by reason. It is a trend of theological thought in order to verify the contradiction of the Christian truth with reason. Voltaire, who was the representative figure of deism, started with deism but ended up as an atheist, and deism brought about the result that opened religious pluralism. Likewise, the trend of the times led by reason was taken over by the denial of prophecy and even nowadays deism is considerably laid under such an influence.

⑤ 현시대가 이성주의 시대이기 때문에 초월적 사역에 대한 거부와 불신감이 있습니다.

중세에서 새시대의 문을 연 두 개의 지류는 종교개혁과 르네상스입니다. 르네상스(인문주의)란 그리스•로마에 초점을 둔 문예부흥이었습니다. 예수 그리스도 대신 인간에게 관심을 기울였습니다. 만물의 척도가 성경이 아닌 인간이 되었으며 이 사상을 17,8세기 계몽주의가 계승했습니다. 계몽주의란 하나님의 계시 대신 로마의 여신 미네르바가 인간의 이성에 빛을 비춰준다고 생각함으로 시작되었습니다.

뉴톤의 만유인력 법칙과 맞물려서 창세기 대신 이성으로 우주를 이해하고 하나님의 자녀라기보다는 합리적인 인간을 목표로 삼았습니다. 그뿐 아니라 이성을 중심으로 종교를 보았습니다. 그래서 이신론(理神論)이 생기고, 십자가 대속, 부활, 영생을 거부하며 이성과 인간 도덕을 강조하기에 이르렀습니다.

이신론이란 이성으로 납득되는 신만 신봉하고 기독교 진리의 모순을 이성으로 검증하겠다고 하는 신학 사조입니다. 대표자였던 볼테르는 이신론으로 시작했으나 무신론자가 되었으며 이신론은 종교다원주의를 여는 결과를 초래했습니다. 이와 같은 이성 주도적 시대사조가 계시나 예언의 거부로 이어지고 오늘날 현시대도 상당부분 이런 영향하에 있습니다.

(6) Some beneficial points of right prophecies

25 as the secrets of their hearts are laid bare. So they will fall down and worship God, exclaiming, "God is really among you!"(1 Cor 14:25)

① Right prophecy gives help for leading a life of faith. (1 Cor 14:31)

② It is very effective for the work of consolation.

③ It gives very good ideas.

④ It makes believers prepare for their future through the function of previous notice of the future just as Joseph prepared for seven years of famine. (Gen 41:1-36)

⑤ A spiritual gift is given for us to make it beneficial in serving our church. If one develops and makes good use of a spiritual gift well, it gives help to others, and it will make a pile of Heaven's awards for himself as well.

(6) 바른 예언의 유익한 점

"그 마음의 숨은 일들이 드러나게 되므로 엎드리어 하나님께 경배하며 하나님이 참으로 너희 가운데 계신다 전파하리라"(고전 14:25)

① 성도를 권면함으로 신앙에 도움을 줍니다(고전 14:31).

② 위로 사역에 큰 효과가 있습니다.

③ 좋은 아이디어를 줍니다.

④ 미래 예고 기능으로 요셉의 칠 년 기근(창 41:1-36)을 대비하듯 미래를 준비합니다.

⑤ 하나님이 주신 은사는 우리가 교회를 섬기는데 유익해서 주신 것입니다. 은사를 잘 개발하고 활용하면 남에게 도움을 주고 본인에게도 하늘의 상급을 쌓게 합니다.

2-7 The Distinction of Spirits

(1) The spiritual gifts of wisdom, brightness, revelation, knowledge, and distinction are the same kind of gift but they are a little different from each other.

① Wisdom: hearing heart (Solomon's wisdom)

② Brightness: The power of long remembering what one sees or hears, in a word, it means being smart and clever. (Daniel's brightness)

③ Revelation: Literally, it means "to throw open". A man does not know clearly what is hidden behind the veil. When God opens it, even a child knows it. (Matt 11:25-27)

④ Knowledge: It is just like the books of a library which piled up on our head of what we understood.

⑤ Distinction: Just as the spiritual gift of wisdom tells the good from the evil, so the spiritual gift of distinction knows the truth from the false.

(2) The spiritual gift of distinguishing spirits

① It distinguishes one's language. A man's mind comes out of one's mouth as one's language.

a. It distinguishes stupidity.

2 The tongue of the wise adorns knowledge, but the mouth of the fool gushes folly. (Prov 15:2)

b. It distinguishes lewdness and dirt.

3 For the lips of an adulteress drip honey, and her speech is smoother than oil. (Prov 5:3)

3 But among you there must not be even a hint of sexual

2-7 영들 분별함

(1) 지혜, 총명, 계시, 지식, 분별이 같은 생각의 은사이지만 조금씩 차이가 납니다.

① 지혜 : 듣는 마음(솔로몬의 지혜)
② 총명 : 보거나 들은 것을 오래 기억하는 힘, 한마디로 똑똑하다는 뜻입니다(다니엘의 총명).
③ 계시 : 커튼을 열어젖힌다는 뜻으로, 베일 속에 감추어진 것을 사람이 똑똑하다고 알 수는 없습니다. 하나님이 열어주시면 어린아이도 압니다(마 11:25-27).
④ 지식 : 이해해서 머릿속에 쌓아놓은 서고(書庫)와 같습니다.
⑤ 분별 : 지혜의 은사가 선악을 식별한다면 분별의 은사는 진위(眞僞)를 구분합니다.

(2) 영분별의 은사

① 말을 분별합니다. 사람의 마음은 말에 의해 밖으로 나타납니다.
a. 미련함을 분별합니다.
"지혜 있는 자의 혀는 지식을 선히 베풀고 미련한 자의 입은 미련한 것을 쏟느니라"(잠 15:2)
b. 음란과 더러운 것을 분별합니다.
"대저 음녀의 입술은 꿀을 떨어뜨리며 그의 입은 기름보다 미끄러우나"(잠 5:3)
"음행과 온갖 더러운 것과 탐욕은 너희 중에서 그 이름조차도 부르지 말라 이는 성도에게 마땅한 바니라 누추함과 어리석은 말이나 희롱의 말이 마땅

immorality, or of any kind of impurity, or of greed, because these are improper for God's holy people. 4 Nor should there be obscenity, foolish talk or coarse joking, which are out of place, but rather thanksgiving. (Eph 5:3-4)

② It distinguishes the sacred from the secular.

9 "You and your sons are not to drink wine or other fermented drink whenever you go into the tent of meeting, or you will die. This is a lasting ordinance for the generations to come, 10 so that you can distinguish between the holy and the common, between the unclean and the clean," (Levi 10:9-10)

③ It distinguishes between the true and the false.

The talent that is closely related to the spiritual gift of distinction of spirits is intuition. According to the dictionary, the intuitive power is the ability that can directly grasp a certain subject without passing through judgment. Likewise, the gift of distinction of spirits can be safely said to be intuition given to one after he experienced the Holy Spirit. However, the spiritual gift of distinction of spirits often becomes mature through many experiences such as chicken sex deciphering or the discriminating of counterfeit money.

④ It distinguishes God's good, pleasing, and perfect will. (Rom 12:2)

⑤ When we distinguish spirits (e.g. heresy), we know by its fruit.

a. We should examine whether we have the following fruit or not. Fruit in keeping with repentance (Matt 3:8), fruit of the light (Eph 5:9), fruit of the Holy Spirit. (Gal 5:22-23)

b. A man of God feels uneasy and inconvenient when he stays where he

치 아니하니 오히려 감사하는 말을 하라"(엡 5:3-4)

② 성(聖)과 속(俗)을 분별합니다.

"너와 네 자손들이 회막에 들어갈 때에는 포도주나 독주를 마시지 말라 그리하여 너희 죽음을 면하라 이는 너희 대대로 지킬 영영한 규례라 그리하여야 너희가 거룩하고 속된 것을 분별하며 부정하고 정한 것을 분별하고"(레 10:9-10)

③ 진짜와 가짜를 구분합니다.

영분별의 은사와 가장 관련이 깊은 재능은 직관(直觀)입니다. 직관력은 사전적 의미로 판단, 추리, 경험 따위를 거치지 않고 어떤 대상을 곧바로 파악할 수 있는 능력입니다. 이처럼 영분별의 은사는 성령체험 후 받은 은사의 일종으로 직관력이라고 보아도 무방합니다. 하지만 병아리 감별사, 위폐 감별사처럼 많은 경험을 통해 영분별의 은사가 성숙되기도 합니다.

④ 하나님의 선하시고 기뻐하시고 온전하신 뜻을 분별합니다(롬 12:2).

⑤ 영들(이단들)을 분별할 때 열매를 보아 압니다.

a. 회개에 합당한 열매(마 3:8), 빛의 열매(엡 5:9), 성령의 열매(갈 5:22-23)가 있는지 살펴보아야 합니다.

b. 하나님의 사람은 있어서는 안될 자리에 있거나 악인을 만나면 마

ought not to be or he meets a wicked man.

c. Even though a man performs a miracle, whoever exalts himself other than glorifying God is either the messenger of Satan or a man who easily tumbles down. (Matt 23:12)

d. When there is a lot of noise and quarrels, the work of the Holy Spirit does not go together with them.

14 But if you harbor bitter envy and selfish ambition in your hearts, do not boast about it or deny the truth. 15 Such "wisdom"does not come down from heaven but is earthly, unspiritual, demonic. 16 For where you have envy and selfish ambition, there you find disorder and every evil practice. (James 3:14-16)

e. The interpretation of the Bible should be Jesus-centered and be based on the doctrine of salvation and we should confirm whether it edifies the virtue of the church or not. We should check if the biblical quotation is right or not. Good seniors in terms of faith and a commentary or verified books of faith are still better.

6 "If you are the Son of God,"he said, "throw yourself down. For it is written: "'He will command his angels concerning you, and they will lift you up in their hands, so that you will not strike your foot against a stone.'"(An example of Satan's misuse of the Bible) (Matt 4:6)

22 Peter took him aside and began to rebuke him. "Never, Lord!"he said. "This shall never happen to you!"23 Jesus turned and said to Peter, "Get behind me, Satan! You are a stumbling block to me; you do not have in mind the concerns of God, but merely human concerns."(Loyalty straying from the cross) (Matt 16:22-23)

음이 불안하고 불편합니다.

c. 이적을 베풀어도 하나님께 영광을 돌리지 않고 자기를 높이는 사람은 사탄의 사자이거나 넘어지기 쉬운 사람입니다(마 23:12).

d. 소란과 싸움이 많은 곳은 성령의 역사가 함께하지 않습니다.

"그러나 너희 마음 속에 독한 시기와 다툼이 있으면 자랑하지 말라 진리를 거슬러 거짓말하지 말라 이러한 지혜는 위로부터 내려온 것이 아니요 땅 위의 것이요 정욕의 것이요 귀신의 것이니 시기와 다툼이 있는 곳에는 혼란과 모든 악한 일이 있음이라"(약 3:14-16)

e. 성경 해석이 예수 중심적, 구원론적이어야 합니다. 교회의 건덕을 세우는지 확인해보아야 합니다. 성경 인용도 올바른지 점검해야 하며 교역자, 신앙의 좋은 선배, 주석 및 검증된 신앙서적을 이용하면 더욱 좋습니다.

"이르되 네가 만일 하나님의 아들이어든 뛰어내리라 기록되었으되 그가 너를 위하여 그의 사자들을 명하시리니 그들이 손으로 너를 받들어 발이 돌에 부딪치지 않게 하리로다 하였느니라"(마 4:6 '마귀의 성경오용의 예')

"베드로가 예수를 붙들고 항변하여 이르되 주여 그리 마옵소서 이 일이 결코 주께 미치지 아니하리이다 예수께서 돌이키시며 베드로에게 이르시되 사탄아 내 뒤로 물러 가라 너는 나를 넘어지게 하는 자로다 네가 하나님의 일을 생각하지 아니하고 도리어 사람의 일을 생각하는도다 하시고"(마 16:22-23 '십자가를 벗어난 충성')

f. Even though a man performs a miracle and speaks in the tongues of angels, he should ask five questions in the light of the words of God.

- ●Is it for the glory of God?
- ●Is it beneficial for your neighbors?
- ●Is it beneficial for yourself?
- ●Are there any scriptures that support you?
- ●Do you have any conviction and peace when you receive the words of God?

Satan is often disguised as a bright angel. (2 Cor 11:4) That's why a man is apt to be deceived and comes to be on the brink of ruin, and after all his soul is destroyed like Adam and Eve in Genesis, Chapter 3.

4 For if someone comes to you and preaches a Jesus other than the Jesus we preached, or if you receive a different spirit from the Spirit you received, or a different gospel from the one you accepted, you put up with it easily enough. (2 Cor 11:4)

The Spirit clearly says that in later times some will abandon the faith and follow deceiving spirits and things taught by demons. 2 Such teachings come through hypocritical liars, whose consciences have been seared as with a hot iron. (1 Tim 4:1-2)

⑥ The distinction of spirits is to tell the work of Satan apart from the work of the Holy Spirit through the distinction of Satan's spirit which works behind men.

a. The distinction of spirits: Many kinds of spirits exist.

Dear friends, do not believe every spirit, but test the spirits to see whether they are from God, because many false prophets have gone out into the world. (1 John 4:1)

f. 이적을 행하고 천사의 말을 할지라도 다음 다섯 가지 사항을 말씀에 비추어 반드시 물어보아야 합니다.

- 하나님의 영광을 위한 것입니까?
- 이웃에게 유익합니까?
- 자신에게 유익합니까?
- 지지해 주는 성경 구절이 있습니까?
- 그 말씀을 받을 때 확신과 평안이 있습니까?

사탄은 광명한 천사로 가장을 잘합니다(고후 11:4). 그래서 창세기 3장 아담과 하와처럼 속아 넘어감으로 인생이 파멸로 치닫고 영혼이 파괴되는 것입니다.

"만일 누가 가서 우리가 전파하지 아니한 다른 예수를 전파하거나 혹은 너희가 받지 아니한 다른 영을 받게 하거나 혹은 너희가 받지 아니한 다른 복음을 받게 할 때에는 너희가 잘 용납하는구나"(고후 11:4)

"그러나 성령이 밝히 말씀하시기를 후일에 어떤 사람들이 믿음에서 떠나 미혹하는 영과 귀신의 가르침을 따르리라 하셨으니 자기 양심이 화인을 맞아서 외식함으로 거짓말하는 자들이라"(딤전 4:1-2)

⑥ 영분별은 사람 배후에서 역사하는 사탄의 영을 구별하여 성령의 역사와 사탄의 역사를 구별해 내는 것입니다.

a. 영분별-1 : 여러 종류의 영이 존재합니다.

"사랑하는 자들아 영을 다 믿지 말고 오직 영들이 하나님께 속하였나 분별하라 많은 거짓 선지자가 세상에 나왔음이라"(요일 4:1)

a) The work of the Holy Spirit

ⓐ Abraham and Lot recognized the angels. (Gen 18:1-3, 19:1)

The two angels arrived at Sodom in the evening, and Lot was sitting in the gateway of the city. When he saw them, he got up to meet them and bowed down with his face to the ground. (Gen 19:1)

ⓑ The spirit of wisdom (Exo 28:3)

ⓒ The spirit of honesty (Psal 51:10)

ⓓ The spirit of judgment and the spirit of fire

4 The Lord will wash away the filth of the women of Zion; he will cleanse the bloodstains from Jerusalem by a spirit of judgment and a spirit of fire. (Isai 4:4)

ⓔ The spirit of son-ship (Rom 8:15)

ⓕ The spirit of glory (1 Pet 4:14)

b) The work of evil spirit

ⓐ Michaiah distinguished a lying spirit.

22 "'By what means?'the Lord asked. "'I will go out and be a deceiving spirit in the mouths of all his prophets,'he said. "'You will succeed in enticing him,'said the Lord. 'Go and do it.'23 "So now the Lord has put a deceiving spirit in the mouths of all these prophets of yours. The Lord has decreed disaster for you."(1 King 22:22-23)

Zedekiah could not distinguish a lying spirit and brought misfortune upon himself. (1 King 22:24-28)

ⓑ The spirit of slave to fear

15 The Spirit you received does not make you slaves, so that you live in fear again; rather, the Spirit you received brought about

가. 성령의 역사

ⓐ 아브라함과 롯은 천사를 알아보았습니다(창 18:1-3; 19:1).

"저녁때에 그 두 천사가 소돔에 이르니 마침 롯이 소돔 성문에 앉아 있다가 그들을 보고 일어나 영접하고 땅에 엎드려 절하며"(창 19:1)

ⓑ 지혜로운 영(출 28:3)

ⓒ 정직한 영(시 51:10)

ⓓ 심판하는 영과 소멸하는 영

"이는 주께서 심판하는 영과 소멸하는 영으로 시온의 딸들의 더러움을 씻기시며 예루살렘의 피를 그 중에서 청결하게 하실 때가 됨이라"(사 4:4)

ⓔ 양자의 영(롬 8:15)

ⓕ 영광의 영(벧전 4:14)

나. 악령의 역사

ⓐ 미가야는 거짓말하는 영을 분별하였습니다.

"여호와께서 그에게 이르시되 어떻게 하겠느냐 이르되 내가 나가서 거짓말하는 영이 되어 그의 모든 선지자들의 입에 있겠나이다 여호와께서 이르시되 너는 꾀겠고 또 이루리라 나가서 그리하라 하셨은즉 이제 여호와께서 거짓말하는 영을 왕의 이 모든 선지자의 입에 넣으셨고 또 여호와께서 왕에 대하여 화를 말씀하셨나이다"(왕상 22:22-23)

시드기야는 거짓말하는 영을 분별하지 못하여 화를 자초하였습니다(왕상 22:24-28).

ⓑ 무서워하는 종의 영

"너희는 다시 무서워하는 종의 영을 받지 아니하고 양자의 영을 받았으므로 우리가 아빠 아버지라고 부르짖느니라"(롬 8:15)

ⓒ 악령(엡 2:2), 악의 영(엡 6:12)

your adoption to sonship. And by him we cry, "Abba, Father."(Rom 8:15)

ⓒ Evil spirit (Eph 2:2), the spirit of evil (Eph 6:12)

2 in which you used to live when you followed the ways of this world and of the ruler of the kingdom of the air, the spirit who is now at work in those who are disobedient. (Ephe 2:2)

ⓓ The spirit that does not recognize Jesus (1 John 4:3)

ⓔ The spirit of falsehood: The reason a man, who once falls into heresy, cannot escape from it and moves to another heresy, is that he is caught by the spirit of falsehood.

6 We are from God, and whoever knows God listens to us; but whoever is not from God does not listen to us. This is how we recognize the Spirit of truth and the spirit of falsehood. (1 John 4:6)

b. The distinction of spirits: We can find the work of demon which is at work in a man. One of the ten purposes of Jesus' coming to this world is to destroy the work of demon.

8 The one who does what is sinful is of the devil, because the devil has been sinning from the beginning. The reason the Son of God appeared was to destroy the devil's work. (1 John 3:8)

A certain heresy denomination insists that the purpose of Jesus' coming to this world is only to destroy Satan, but this is a narrow-minded view in terms of theology.

"그 때에 너희는 그 가운데서 행하여 이 세상 풍조를 따르고 공중의 권세 잡은 자를 따랐으니 곧 지금 불순종의 아들들 가운데서 역사하는 영이라" (엡 2:2)

ⓓ 예수를 시인하지 않는 영(요일 4:3)

ⓔ 미혹의 영 : 이단에 빠지면 못헤어 나오고 설령 거짓이 판명되어도 다른 이단으로 옮겨가는 이유는 미혹의 영에 사로 잡혔기 때문입니다.

"우리는 하나님께 속하였으니 하나님을 아는 자는 우리의 말을 듣고 하나님께 속하지 아니한 자는 우리의 말을 듣지 아니하나니 진리의 영과 미혹의 영을 이로써 아느니라"(요일 4:6)

b. 영분별-2 : 사람 속에 역사하는 귀신의 역사를 발견하게 합니다.

예수님이 이 땅에 오신 10가지 목적 중 하나는 마귀의 일을 멸하려고 오셨습니다.

"죄를 짓는 자는 마귀에게 속하나니 마귀는 처음부터 범죄함이라 하나님의 아들이 나타나신 것은 마귀의 일을 멸하려 하심이라"(요일 3:8)

어느 이단 교회는 예수님이 이 땅에 오신 목적을 마귀를 멸하려 오셨다는 것만 주장하지만 이것은 편협한 신학 자세입니다.

[Tip] The Ten Purposes of Jesus' Coming to the Earth

① To bring glory to God (John 17:4)

② To call sinners (Matt 9:13)

③ To preach (Mark 1:38)

38 Jesus replied, "Let us go somewhere else—to the nearby villages—so I can preach there also. That is why I have come." (Mark 1:38)

④ To baptize with the Holy Spirit and with fire (Matt 3:11)

⑤ To be the finisher of the Law, namely, the Old Testament (Matt 5:17)

⑥ To build his church that will overcome the gates of Hades (Matt 16:18)

⑦ To destroy the devil's power (1 John 3:8)

⑧ To let the sheep have life to the fullest (John 1:10)

10 The thief comes only to steal and kill and destroy; I have come that they may have life, and have it to the full. (John 10:10)

⑨ To serve (Matt 20:28)

⑩ To give his life as a ransom (Mark 10:45)

45 For even the Son of Man did not come to be served, but to serve, and to give his life as a ransom for many. (Mark 10:45)

Tip : 예수님이 이땅에 오신 10가지 목적

① 하나님을 영화롭게 하시려고(요 17:4)
② 죄인을 부르러 오심(마 9:13)
③ 전도(막 1:38)

"이르시되 우리가 다른 가까운 마을들로 가자 거기서도 전도하리니내가 이를 위하여 왔노라 하시고"(막 1:38)

④ 성령과 불로 세례를 주시려고(마 3:11)
⑤ 율법 즉 구약의 완성자로 오심(마 5:17)
⑥ 음부의 권세를 이길 수 있는 교회를 세우기 위해서(마 16:18)
⑦ 마귀의 권세를 멸하러 오심(요일 3:8)
⑧ 양으로 생명을 얻게 하고 더 풍성하게 하려고(요 10:10)

"도둑이 오는 것은 도둑질하고 죽이고 멸망시키려는 것뿐이요 내가 온 것은 양으로 생명을 얻게 하고 더 풍성히 얻게 하려는 것이라"(요 10:10)

⑨ 섬김(마 20:28)
⑩ 자기목숨을 대속물로 주시려고(막 10:45)

"인자가 온 것은 섬김을 받으려 함이 아니라 도리어 섬기려 하고 자기 목숨을 많은 사람의 대속물로 주려 함이니라"(막 10:45)

a) Being aware of the demon's work in the disease of a child, Jesus drove the demon out.

29 Then he told her, "For such a reply, you may go; the demon has left your daughter."30 She went home and found her child lying on the bed, and the demon gone. (Mark 7:29-30)

18 Jesus rebuked the demon, and it came out of the boy, and he was healed at that moment. (Matt 17:18)

b) One of the three purposes of Jesus' appointing the twelve disciples was to drive out demons. (Mark 3:14-15)

●The purpose of appointing the twelve disciples: *They may be with Jesus *Preaching *To have them the authority of drive demon out.

12 They went out and preached that people should repent. 13 They drove out many demons and anointed many sick people with oil and healed them. (Mark 6:12-13)

All diseases are not always due to the demon's work. In addition, the distinguishing between a mental disease and being with an evil spirit can be said to belong to the spiritual gift of distinction of spirits.

c. The distinction of spirits: False prophets can be detected. False prophets like Pashhur (Jerem 20:1-3), Hananiah (Jerem 28:1-11), Shemaiah (Jerem 29:24-32) have existed in any times. Including Michaiah, Peter, who detected the lies of Ananias and Sapphira, and Paul had the spiritual gift of distinction, as well.

32 Indeed, I am against those who prophesy false dreams,"declares the Lord. "They tell them and lead my people astray with their reckless lies, yet I did not send or appoint them. They do not benefit these people in the least,"declares the Lord.

가. 예수님은 질병 속에 있는 귀신의 역사를 아시고 축사(逐邪)하셨습니다.

"예수께서 이르시되 이 말을 하였으니 돌아가라 귀신이 네 딸에게서 나갔느니라 하시매 여자가 집에 돌아가 본즉 아이가 침상에 누웠고 귀신이 나갔더라"(막 7:29-30)

"이에 예수께서 꾸짖으시니 귀신이 나가고 아이가 그 때부터 나으니라"(마 17:18)

나. 12제자를 선택하신 3대 목적 중 하나가 축사였습니다(막 3:14-15).

●12제자 뽑으신 목적 : 함께 있도록 하심, 전도, 귀신을 내쫓는 권능을 갖게 하심.

"제자들이 나가서 회개하라 전파하고 많은 귀신을 쫓아내며 많은 병자에게 기름을 발라 고치더라"(막 6:12-13)

모든 질병이 귀신의 역사는 아닙니다. 그뿐 아니라 정신병과 귀신들림을 구분하는 것도 영분별에 속한다고 말씀 드릴 수가 있습니다.

c. 영분별-3 : 거짓선지자를 알아냅니다.

바스훌(렘 20:1-3), 하나냐(렘 28:1-11), 스마야(렘 29:24-32) 등과 같은 거짓 선지자는 어느 시대든 있었습니다. 그러나 미가야 선지자를 비롯하여 아나니아와 삽비라의 거짓을 알았던 베드로, 바울 역시 분별의 은사가 있었습니다.

"여호와의 말씀이니라 보라 거짓 꿈을 예언하여 이르며 거짓과 헛된 자만으로 내 백성을 미혹하게 하는 자를 내가 치리라 내가 그들을 보내지 아니하였으며 명령하지 아니하였나니 그들은 이 백성에게 아무 유익이 없느니라 여호와의 말씀이니라"(렘 23:32)

(Jerem 23:32)

The typical sign of the end of the world is the appearance of false prophets. (Matt 24:4-5, 23-24; Mark 13:5-6; Luk 21:8; 2 Thes 2:8)

> 4 Jesus answered: "Watch out that no one deceives you. 5 For many will come in my name, claiming, 'I am the Messiah,'and will deceive many." (Matt 24:4-5)
>
> 23 At that time if anyone says to you, 'Look, here is the Messiah!'or, 'There he is!'do not believe it. 24 For false messiahs and false prophets will appear and perform great signs and wonders to deceive, if possible, even the elect. (Matt 24:23-24)

The basic and the most important spiritual gift of this age is the distinction of spirits, because in this world so-called bright angels, heresy and fraud spirits, which are spiritual imposters, are reigning supreme.

말세의 징조 중 대표적인 것이 거짓 선지자의 출현입니다(마 24:4-5, 23-24; 막 13:5-6; 눅 21:8; 살후 2:8 등).

> "예수께서 대답하여 이르시되 너희가 사람의 미혹을 받지 않도록 주의하라 많은 사람이 내 이름으로 와서 이르되 나는 그리스도라 하여 많은 사람을 미혹하리라"(마 24:4-5)
>
> "그 때에 사람이 너희에게 말하되 보라 그리스도가 여기 있다 혹은 저기 있다 하여도 믿지 말라 거짓 그리스도들과 거짓 선지자들이 일어나 큰 표적과 기사를 보여 할 수만 있으면 택하신 자들도 미혹하리라"(마 24:23-24)

오늘날 시대에 기초가 되고 가장 중요한 은사는 영분별입니다.

광명한 천사, 영적 사기꾼인 이단, 거짓 영이 판을 치는 세상이기 때문입니다.

2-8 The Spiritual Gift of Speaking in Tongues

The most instances of the speaking in tongues are treated in the Bible is the book of Acts. As we can find in Chapter 2, one hundred and twenty believers spoke in tongues at Mark's Upper Room after they received the Holy Spirit. (Act 2:4) The tongues that the apostles received at that time were the languages of sixteen countries of Diaspora Jews who came in order to observe the Pentecost.

After the confusion of languages at the tower of Babel shown in Genesis, Chapter 11, this is a great incident that shows the unification of languages again in Acts. The tongues in Acts, Chapter 2 is different from the tongues at Cornelius' house when the Holy Spirit came upon them. (Act 10:45-46) And those are different from the tongues at Ephesus when they received the Holy Spirit (Act 19:6) or the tongues recorded in 1 Corinthians, Chapter 14. If the tongues had been heard as the language of each own country, the reason for the spiritual gift of interpretation would not have existed.

(1) The kind of speaking in tongues

① Speaking in tongues to God with the Holy Spirit: Praying in tongues is not understandable to demons. (1 Cor 14:2)

② Personal speaking in tongues: This is a spiritual gift which God temporarily pours into a person for the purpose of mission work at a particular place. The following anecdote is a testimony by Rev. R. A. Torrey. He once went to Russia which has a population of three hundred million for mission work. On a train he said to a young lady interpreter, "I'd like to preach the gospel for Russians." The lady spat in his face and vanished. When Rev. Torrey was praying in tongues

2-8 방언의 은사

성경에서 방언을 많이 다룬 곳은 일차적으로 사도행전입니다.

사도행전 2장에서 볼 수 있듯이, 마가 다락방에서 성령세례를 받은 후 120 문도가 방언을 했습니다(행 2:4). 이때 받은 사도들의 방언은 오순절을 지키러 온 16개국 디아스포라 유대인 각국의 언어였습니다.

창세기 11장 바벨탑에서 비롯된 언어의 혼잡 이후 사도행전에서 다시금 언어의 통일을 보여준 위대한 사건입니다. 하지만 그 이후 고넬료 가정에서의 성령 임재시 받았던 방언(행 10:45-46)이나, 에베소에서 성령받을 때 나타난 방언(행 19:6), 고린도전서 14장에 수록된 방언은 사도행전 2장의 방언과는 다른 것입니다. 각각 자국의 언어로 들렸다면 통역의 은사가 존재할 이유가 없습니다.

(1) 방언의 종류

① 하나님께 영으로 드리는 대신(對神)방언 : 마귀가 못 알아듣는 방언 기도입니다(고전 14:2).

② 대인(對人)방언 : 특정한 장소에 전도 등을 목적으로 하나님께서 일시적으로 부어주시는 방언의 은사입니다. 토레이 목사님의 간증에서, 그는 러시아의 3억 인구를 전도하러 갔습니다. 열차 안에서 통역하는 여자에게 "전도하고 싶다"고 말했더니 얼굴에 침을 뱉고 거절하고 갔습니다. 그가 울면서 방언기도를 하는데 주변에 러시아인들이 무릎 꿇고 앉았습니다. 왜 이러는지 가까스로 통역자를 구해 알아봤더니 러시아 말로 "예수 믿으세요. 예수 믿고 싶

with tears, many Russians around him knelt down. He narrowly found an interpreter. Rev. Torrey asked him what the matter with Russians around him was. The interpreter informed him that Rev. Torrey's speaking in tongues meant, "Believe in Jesus. Please fall on your knees whoever wants to believe in Jesus." This is a phenomenon which often appears in the place of missions work.

③ Speaking in tongues to an animal: According to a record about Francesco, his village had often been attacked by a wolf. The villagers planned to go wolf hunting, but Francesco dissuaded them from going. He went up to the wolf in the mountain and asked, "Why did you do that?" The wolf answered, "Because I was very hungry." He advised the wolf. "I'll give you something to eat. Don't do that kind of wrong-doing any more." The wolf followed Francesco with tears. After the villagers gave the wolf something to eat, no more attacks of wolf had been made since then. Before Noah's flood, the relationship between human beings and animals was good. They co-existed in the Garden of Eden. Adam named the animals' names and they talked with each other. After Noah's flood, four seasons came into being and provisions became in short. God allowed human beings to catch and eat animals. (Gen 9:2-3) Nowadays, both sides regard the other party with hostility, and animals began to escape from people. If a continuous dialogue between both sides had been possible, people could not have slaughtered the animals when they solicited not to kill themselves. Rare as it is, speaking in tongues makes it possible for people and animals to communicate with each other.

은 사람은 무릎을 꿇으라."고 말했다고 합니다. 선교지에서 가끔 나타나는 현상입니다.

③ 짐승과의 대물(對物) 방언 : 성 프란체스코의 기록에 의하면 자신이 살던 마을에 늑대 습격이 잦았습니다. 마을 사람들이 늑대 사냥을 계획할 때 일단 만류시켰습니다. 프란체스코는 산속에 사는 늑대를 찾아가서 "왜 그런 짓을 하느냐?"고 물으니 "배가 고파서"라고 늑대가 답을 했습니다. 프란체스코가 "먹을 것을 줄테니 그런 짓을 하지 말라"고 타이르자 늑대가 울면서 따라 왔습니다. 마을 사람들이 먹을 것을 주니 늑대 습격이 사라지게 되었다고 합니다. 노아홍수 이전에는 사람과 짐승의 관계가 좋았습니다. 이름도 지어주고, 대화도 가능하고 에덴에서 함께 공존했습니다.
노아 홍수 후 춘하추동이 생기면서 식량이 부족해지자 하나님은 짐승들을 잡아먹을 수 있게 하셨습니다(창 9:2-3). 이제는 사람과 짐승의 관계가 적대 관계가 되었으며 짐승이 사람을 피하기 시작했습니다. 만일 짐승과의 대화가 계속 가능했다면 잡아먹지 말아달라고 우는 소를 도축할 수는 없었을 것입니다. 희귀한 일이기는 하지만 방언이 사람과 짐승과의 대화를 가능케 합니다.

(2) How to receive speaking in tongues

Speaking in tongues is God's present, and it is not given to man just because he wants to receive it. Nevertheless, there are some good ways to move God's mind.

① While in the Western countries, repentance and obedience are emphasized, in our country of Korea, repentance and admiration are emphasized.

② During the time of piety like reading the words of God and praying, it often comes upon.

③ Speaking in tongues frequently comes out when one prays with a person who received speaking in tongues. Something spiritual has a wave effect.

④ When one, who received speaking in tongues, places his hands upon you, speaking in tongues will appear easily.

⑤ There is no prescribed regulation, but generally speaking, in our Korean culture, eagerness is important and in the West, obedience in life is to be thought to maintain and develop speaking in tongues.

(3) The benefit of speaking in tongues

① While other spiritual gifts edify the virtue of the church, speaking in tongues (1 Cor 14:14) edifies the virtue for oneself. It is of great help for one's faith.

4 Anyone who speaks in a tongue edifies themselves, but the one who prophesies edifies the church. (1 Cor 14:4)

The original meaning of the word, "to edify" means "to charge." That means the charging our soul with grace.

(2) 방언 받는 방법

방언은 하나님의 선물임으로 내가 받고 싶다고 받는 것은 아닙니다. 하나님의 마음이 움직이셔야 가능합니다. 그럼에도 불구하고 방언 체험과 방언의 은사를 받으려면 하나님의 마음을 움직이는 몇 가지 좋은 방법이 있습니다.

① 서양에서는 회개와 순종을 강조하는 반면 우리나라는 회개와 사모함을 강조합니다.
② 말씀과 기도, 경건의 시간을 가질 때 임합니다.
③ 방언 받은 사람과 함께 기도할 때 방언이 잘 터집니다. 영적인 것은 파장효과가 있습니다.
④ 성령 받은 사람에게 안수 받을 때 잘 나타납니다.
⑤ 규정화 된 방법은 없지만 우리나라는 간절함을 중시하는 반면 서양에서는 복종하는 생활로 방언이나 은사를 유지, 성장시킬 수 있다고 보고 있습니다.

(3) 방언의 유익

① 다른 은사는 교회의 덕을 세우지만 방언은 자기 자신에게 덕을 세웁니다(고전 14:4). 믿음에 큰 도움을 줍니다.

"방언을 말하는 자는 자기의 덕을 세우고 예언하는 자는 교회의 덕을 세우나니"(고전 14:4)

'덕을 세우다'의 본래 의미는 '충전하다'의 뜻으로 우리 영혼에 은혜를 충전시켜줍니다.

"내가 너희 모든 사람보다 방언을 더 말하므로 하나님께 감사하노라"(고전

18 I thank God that I speak in tongues more than all of you. (1 Cor 14:18)

② It makes our spiritual relations with God become deeper, because our spirit becomes clean. Freud compared our world of consciousness to an iceberg. The visible part is only ten percent and most of the invisible part belongs to subconsciousness. Speaking in tongues plays a role of cleaning the dirty part of our invisible subconsciousness.
For instance, it is said that when a man smokes a cigarette, it takes about 32 hours for nicotine to be taken out of the body. But the thought about the cigarette permeates into the smoker's spirit and does not easily vanish. It usually occupies the smoker's thoughts for many years. Speaking in tongues erases and cleans such thoughts.

③ It makes enthusiasm comes into being. It makes believers sit on the front seat and long for the works of God.

④ It becomes the instrument of deeper prayer and praising the Lord. (1 Cor 14:13, 15) The receiver of the spiritual gift of speaking in tongues keeps a long prayer, because prayer becomes easy for him.

⑤ The door of spiritual gift and power becomes open. If you continuously speak in tongues, you may often have many other spiritual gifts, and you will have the power and ability of your lips.

⑥ The courage comes into being. Having received speaking in tongues, Peter delivered a daring sermon. (Act 2:14-36; 4:20) He slept a sound sleep deep enough only to be awakened by an angel's kick in prison just before he was about to be put to death. (Act 12:5-7)

⑦ It becomes the weapon turning a demon down. Speaking in tongues makes the speaker's mind peaceful, and many hardships vanish, or gives him the power to overcome them.

14:18)

② 하나님과의 영적교제가 깊어집니다. 영이 맑아지기 때문입니다. 프로이드는 우리의 의식 세계를 빙산에 비유했습니다. 보이는 부분은 10%에 지나지 않으며 대부분이 잠재의식이라고 주장했습니다. 방언은 이 눈에 보이지 않는 잠재의식의 더러운 부분과 생각을 청소하는 역할을 합니다. 일례로 담배를 피웠던 사람이 몸에서 니코틴이 빠져나가는 시간은 32시간이라고 합니다. 하지만 우리의 영과 생각 속에 배어 있는 담배에 대한 생각은 쉽게 사라지지 않습니다. 수년 동안 우리 생각 속에 자리 잡고 있습니다. 방언이 이런 나쁜 생각을 지워주고 청소해 주는 역할을 합니다.

③ 열심이 생깁니다. 교회 앞자리에 앉게 되고 주의 일이 사모가 됩니다

④ 더 깊은 기도와 찬미의 도구가 됩니다(고전 14:13, 15). 방언의 은사를 받으면 기도가 길어지게 됩니다. 기도가 수월해지기 때문입니다.

⑤ 은사와 능력의 문이 열립니다. 방언을 계속하면 다른 은사가 주어지는 경우가 많으며 입술의 권세와 능력이 생깁니다.

⑥ 용기가 생깁니다. 베드로가 방언 받고 담대한 설교를 했으며(행 2:14-36; 4:20) 사형을 하루 앞둔 옥중에서도 천사가 발로 차서 깨울 정도로 깊은 잠을 잤습니다(행 12:5-7).

⑦ 마귀를 물리치는 무기가 됩니다. 방언을 하면 마음이 평안해지고, 수많은 어려움이 사라지거나 이길 수 있는 능력을 주십니다.

⑧ Speaking in tongues becomes a sign to nonbelievers. (1 Cor 14:22)

⑨ The problems will be solved and your road will be more manageable.

(4) Matters of attention of the spiritual gift of speaking in tongues

① When many believers speak in tongues all together in the church, non-believers may regard this to be strange.

23 So if the whole church comes together and everyone speaks in tongues, and inquirers or unbelievers come in, will they not say that you are out of your mind? (1 Cor 14:23)

② It seems that the problem in Corinthian Church was that speaking in tongues was made on the pulpit. Accordingly, there was no discipline in the church. And as they could not understand mutually, spreading the truth was very difficult. (1 Cor 14:27-28)

③ A man is not necessarily saved by receiving speaking in tongues like that of the Pentecost doctrine.

30 Do all speak in tongues? (1 Cor 12:30b)

④ The spiritual gift is just like a weapon, so when not used, it gets rusty or falls into a slumber.

6 For this reason I remind you to fan into flame the gift of God, which is in you through the laying on of my hands. (2 Tim 1:6)

⑧ 믿지 않는 자에게 표적이 됩니다(고전 14:22).
⑨ 문제가 해결되고 길이 평탄해집니다.

(4) 방언 은사의 주의할 점

① 온 교인이 교회에 모여 방언을 하면 믿지 않는 자들이 볼 때 이상하게 생각할 수 있습니다.
"그러므로 온 교회가 함께 모여 다 방언으로 말하면 알지 못하는 자들이나 믿지 아니하는 자들이 들어와서 너희를 미쳤다 하지 아니하겠느냐"(고전 14:23)
② 고린도 교회의 문제점은 설교 시 강대상에서 방언을 했던 것으로 보입니다. 그래서 교회가 질서가 없었고 무슨 말인지 알아듣지 못해서 진리 전파가 어려웠습니다(고전 14:27-28).
③ 오순절 교리가 주장하는 것처럼 방언 받아야 구원받는 것은 아닙니다.
"다 방언 말하는 자이겠느냐"(고전 12:30b)
④ 은사는 무기와 같아서 사용하지 않으면 녹슬거나 잠듭니다.
"그러므로 내가 나의 안수함으로 네 속에 있는 하나님의 은사를 다시 불일듯 하게 하기 위하여 너로 생각하게 하노니"(딤후 1:6)

2-9 The Spiritual Gift of Interpretation of Speaking in Tongues

It is said that the person speaking in tongues should ask for the spiritual gift of interpretation.

> 13 For this reason the one who speaks in a tongue should pray that they may interpret what they say. (1 Cor 14:13)

(1) How to receive the spiritual gift of interpretation

① Generally speaking, if you speak in tongues for a long time, you will get the ability of interpretation.
② In many cases, if you ask for it, namely, when God is willingly to give you the power or when you are filled with the Holy Spirit, you may have the ability of interpretation.
③ God gives you the spiritual gift of interpretation while you are praying.

(2) The forms of interpretation

① While one is speaking in tongues, interpretation comes into one's head.
② While one is speaking in tongues, interpretation comes out of one's mouth. (This time the interpretation has the same effect as a prophecy.)
③ The interpretation of other's speaking in tongues is one step higher in level, because the interpretation can grasp the other's spiritual state or secret. God does not allow this kind of gift at random. The person who has this spiritual gift can interpret the speaking in tongues.

2-9 방언들 통역하는 은사

방언하는 사람은 통역의 은사를 구하라고 했습니다.

"그러므로 방언을 말하는 자는 통역하기를 기도할지니"(고전 14:13)

(1) 통역의 은사를 받는 방법

① 일반적으로 방언을 오래하면 통역이 됩니다.
② 방언을 받을 때 즉 하나님께서 은사(선물) 주시기를 기뻐하실 때 성령충만한 시간에 통역의 은사를 구하면 효과적인 경우가 많습니다.
③ 기도 시간에 방언 통역의 은사를 주십니다.

(2) 통역의 형태

① 방언 시 통역이 떠오릅니다.
② 방언 시 통역이 입으로 나옵니다(이때 예언과 같은 효과가 있습니다.).
③ 다른 사람 방언을 통역하는 것은 한 차원 위의 단계입니다. 그 이유는 그의 영적 상태나 비밀을 파악할 수 있기 때문입니다. 이런 은사는 하나님께서 함부로 주시지 않습니다. 이런 은사의 소유자는 대체로 방언을 들으면 방언이 해석이 됩니다.

(3) The benefit of the interpretation of speaking in tongues

The interpretation gives you great hope and consolation. In case a speaker in tongues falls into fear, disappointment, or despair after hearing the interpretation, one of the two may be in the wrong state. Probably, the interpreter may have made a mistake, because the purpose of prophecy or interpretation is to give people life and make people live according to Jesus' will.

If the Holy Spirit is active in a man, he will gladly accept even a reproach. Even when he is reproached, he outwardly sheds teardrops but internally he is filled with joy, because God pours the spirit of repentance into him. God gives one spiritual gift in order to graft one's intention into God's thought.

(4) Matters of attention at the time of the interpretation of speaking in tongues

① Interpretation is not a translation. Therefore, a long interpretation is possible for a short speaking in tongues while a long speaking in tongues can be abbreviated in a word.

② Since interpretation is not a translation, a man cannot interpret unless God gives him the ability of interpretation. One should not interpret speaking in tongues unduly.

③ When interpretation reveals with just an outline, in other words, when an idea occurs to him through the inner direction of the Holy Spirit, the Holy Spirit gives him a hint and a problem can be solved just like a skein is unraveled.

④ The spiritual gift of the interpretation of speaking in tongues like that of prophecy is an incomplete work. Therefore, the interpretor should

(3) 방언 통역의 유익

하나님의 큰 소망과 위로가 생깁니다. 만약 방언 통역을 듣고 두려움, 낙심, 절망에 빠졌다면 두 사람 중 한 사람이 잘못된 상태입니다. 그리고 통역한 사람의 잘못일 가능성이 큽니다. 왜냐하면 예언이나 통역의 목적이 사람을 살리고 예수님의 뜻대로 살게 하려 하심이기 때문입니다.

성령님이 역사하시면 책망도 달게 받게 됩니다. 책망을 받을 때도 회개의 영을 부어주셔서 외부로는 눈물을 흘리지만 내면으로 기쁨이 충만해 집니다. 내 뜻과 다른 하나님의 생각에 접목시키시려고 은사를 주십니다.

(4) 방언 통역시 주의할 점

① 통역이 번역은 아닙니다. 따라서 한마디 방언으로 길게 통역할 수 있으며 긴 방언도 한마디로 축약할 수 있습니다.
② 통역은 번역이 아니기 때문에 하나님께서 해석을 주시지 않으면 못합니다. 그러므로 억지로 방언을 해석하려 하지 말아야 합니다.
③ 통역은 윤곽만 나타나는 경우나 성령의 내적 지시로 생각이 떠오르는 경우, 혹은 힌트를 주셔서 실타래 풀리듯 깨닫게 하실 수 있으며, 성령 충만할 때는 통역이 술술 나오기도 합니다.
④ 방언 통역의 은사는 예언 사역과 마찬가지로 불완전 사역임으로 너무 절대시 하면 안되며, 타인의 심령 상태와 하나님의 뜻과 방향을 알았다 할 지라도 기도로 돕거나, 신중히 기도한 후 조심스럽게 접근하여야 합니다.

not give an absolute meaning to his interpretation. Even though he knows the other's spiritual state or the intention and direction of God, he should help with prayer, or carefully approach after having prudently prayed.

⑤ While prophecy is the word given by God, the spiritual gift of interpretation means the explanation of spiritual prayer. Just like the case of prophecy, a man's thoughts can be embedded or the devil's interruption is always probable. When one is filled with the Holy Spirit, interpretation comes out smoothly. The most important thing when one interprets the speaking in tongues is to follow God's voice with an emptied mind. When one empties and lowers his mind without any greed, he can find the exact intention and the voice of God. Singing hymnals or deeper meditation is very helpful for interpretation as well as for prophecy.

⑤ 예언이 하나님이 주시는 말씀이라면 통역의 은사는 영의 기도를 해석하는 것입니다. 예언의 경우와 마찬가지로 인간의 생각이 삽입되어서 자기 생각을 하나님 생각으로 혼동하거나 마귀의 훼방이 언제든지 가능합니다. 기도나 방언통역시 가장 중요한 사항은 마음을 비우고 하나님 음성에 청종하는 자세가 되어 있는 것입니다. 마음을 비우고 내려놓을 때, 자기의 욕심을 비울 때 보다 정확한 하나님의 뜻과 음성을 발견할 수 있습니다. 그러므로 예언과 마찬가지로 찬양과 깊은 묵상이 통역에 큰 도움이 됩니다.

3. The Spiritual Gift of Love

While the spiritual gift of wisdom is the foremost gift, the spiritual gift of love is the greatest one. If 1 Corinthians, chapter 12 is called the chapter of spiritual gifts, chapter 13 is the chapter of love.

31 Now eagerly desire the greater gifts. And yet I will show you the most excellent way. (1 Cor 12:31)

3-1 The Kind of Love

In Greek culture, love is divided into five categories, but in the Bible love is classified roughly into two types.

(1) The exposition of the term of love in Greek era

① Epithumia: This is just for sensual pleasure. The result of this love is total collapse.

② Eros: This means self-centered love which does not appear in the Bible. In the Septuagint Bible, this term appears two times. Basically, it meant spiritual love, but it slowly changed into physical love.

18 Come, let's drink deeply of love till morning; let's enjoy ourselves with love! (Prov 7:18)

③ Phileo: This word appears twenty-five times in Greek Bible and is translated as friendship or friendly feelings, but it is not perfect love. Peter betrayed Jesus, because he loved Jesus as phileo. (John 21:15-17)

3. 사랑의 은사

지혜의 은사가 가장 으뜸되는 은사라면 사랑의 은사는 가장 큰 은사입니다. 고린도전서 12장이 은사장이라면 13장은 가장 큰 은사인 사랑장입니다.

> "너희는 더욱 큰 은사를 사모하라 내가 또한 가장 좋은 길을 너희에게 보이리라"(고전 12:31)

3-1 사랑의 종류

헬라 문화에서는 사랑을 5가지로 나누지만 성경은 크게 두 가지로 대별할 수 있습니다.

(1) 헬라 시대의 사랑에 대한 용어 및 해설

① 에피투미아(Epithumia) : 오로지 육체적 쾌락만을 위한 욕망을 말합니다. 그 결과는 재만 남는 공멸의 사랑입니다.

② 에로스(Eros) : 자기 중심적인 일반적 사랑으로 신약 성경에는 쓰이지 않았으며 70인 역에는 2번 나옵니다. 본래는 정신적 사랑을 의미했으나 점차 육체적 사랑이란 뜻으로 변하였습니다.

"오라 우리가 아침까지 흡족하게 서로 사랑하며 사랑함으로 희락하자"(잠 7:18)

③ 필레오(Phileo) : 헬라 성경에 25번 등장하며, 우애나 우정으로 번역됩니다. 하지만 완전한 사랑은 아닙니다. 베드로는 예수님을 필레오의 사랑으로 사랑했기 때문에 배신했습니다(요 21:15-17).

24 One who has unreliable friends soon comes to ruin, but there is a friend who sticks closer than a brother. (Prov 18:24)

④ Storge: This is natural affection just like parents prize their children. In 2 Timothy, chapter 3, verse 3, the phrase "without love' appears as one of the symptoms of the last days. This phrase means a person without "storge." But this "storge" cannot completely go out of the category of selfish love. Man's quality is always changeable.

⑤ Agape: This is God's perfect love. (John 3:16; John 13:1-5, 34; John 15:9-13; John 21:15-19; 1 Cor 13:4-8, 1 John 4:7-21)

4 Love is patient, love is kind. It does not envy, it does not boast, it is not proud. 5 It does not dishonor others, it is not self-seeking, it is not easily angered, it keeps no record of wrongs. 6 Love does not delight in evil but rejoices with the truth. 7 It always protects, always trusts, always hopes, always perseveres. 8 Love never fails. But where there are prophecies, they will cease; where there are tongues, they will be stilled; where there is knowledge, it will pass away. (1 Cor 13:4-8)

(2) In the Bible, love is broadly divided into two—man's love and God's love.

Man's love is not perfect and as time goes on, the love gets cold and decays later. The love between a man and a woman is just the same as above. Man's love has many side effects. As an example, when we water flowers too frequently, they wither. Too much love for a man cannot make him grow properly while too little love for a man might lead him to a wrong way.

God separated Jacob from his parents, sent Joseph to Egypt and had him serve as a slave there. The reason God fostered Moses or John the Baptist

"많은 친구를 얻는 자는 해를 당하게 되거니와 어떤 친구는 형제보다 친밀하니라"(잠 18:24)

④ 스토르게(Storge) : 부모가 자식을 아끼는 것과 같은 자연적인 애정입니다. 디모데후서 3장 3절에 나오는 말세의 증상 중 하나로 '무정함'이란 바로 이 '스토르게가 없는 사람'을 뜻합니다. 하지만 이 스토르게의 사랑도 완전히 이기적 사랑의 범주를 벗어날 수는 없습니다. 인간의 사랑은 언제나 변질이 됩니다.

⑤ 아가페(Agape) : 하나님의 완전한 사랑입니다(요 3:16; 요 13:1-5, 34; 요 15:9-13; 요 21:15-19; 고전 13:4-8; 요일 4:7-21 등).

"사랑은 오래 참고 사랑은 온유하며 시기하지 아니하며 사랑은 자랑하지 아니하며 교만하지 아니하며 무례히 행하지 아니하며 자기의 유익을 구하지 아니하며 성내지 아니하며 악한 것을 생각하지 아니하며 불의를 기뻐하지 아니하며 진리와 함께 기뻐하고 모든 것을 참으며 모든 것을 믿으며 모든 것을 바라며 모든 것을 견디느니라 사랑은 언제까지나 떨어지지 아니하되 예언도 폐하고 방언도 그치고 지식도 폐하리라"(고전 13:4-8)

(2) 성경에서의 사랑은 크게 인간 사랑(情)과 하나님 사랑으로 대별합니다.

인간 사랑은 완전하지 못하며 시간이 지나면 식어버리고, 나중에는 부패하는 사랑입니다. 남녀 간의 사랑도 마찬가지입니다.

인간사랑은 부작용이 많습니다. 일례로 꽃에 물을 자주 주면 꽃이 시들어가듯이 인간의 사랑이 너무 지나치면 사람이 제대로 성장할 수 없고 인간 사랑이 너무 적으면 비뚤어지기 쉽습니다.

하나님께서 야곱을 부모의 손에서 떼어내시고, 요셉을 애굽으로 보내시고 거기서 종살이 하게 하셨으며, 모세나 세례 요한을 광야에서 기

in the desert was that God wanted to make them faithful men who had their sights only on God with receiving God's love and having excluded man's love. God's love is always unchangeable and makes us unimpaired.

Moreover, man's love needs as much pain as he receives. The deep love between a wife and a husband makes them sad and painful. When a spouse passes away and even mental depression appears. The reason why famous actors and actresses finish their lives with being an alcoholic, turning to narcotics or suicide is that they cannot control themselves when their love is gone. They are hurt because they love each other with an incomplete love. Man's love is, in a word, the level of love of just making both ends meet.

24 Those who belong to Christ Jesus have crucified the flesh with its passions and desires. (Gal 5:24)

3-2 The Spiritual Gift of Love as the Basis

At the ground of all spiritual gifts, the spiritual gift of love should be their base. Finding out a seriously sick person, pity and compassion for this person brings him the spiritual gift of healing. When pity and sympathy are evoked at the same time, one's prayer comes to move God. For correcting a person who goes the wrong way, discretion is necessary, and for judging a person properly, wisdom is required. In order to save a person who was not saved, God pours the words of wisdom and knowledge into him. At the background of every spiritual gift, a soul-loving mind exists. Of course, one cannot go to heaven with love only, but without love the way to heaven might be blocked. The Pharisees whom Jesus scolded possessed prayer, relief, and piety, but had no faith and love.

13 "Woe to you, teachers of the law and Pharisees, you

르신 이유는 인간 사랑을 제하고 하나님 사랑으로 주님만을 바라보는 믿음의 사람을 만드시기 위함입니다. 하나님 사랑은 언제나 변함없고 우리를 온전하게 합니다.

또한 인간 사랑은 받은 만큼 아파야 합니다. 부부 사랑이 깊었기 때문에 배우자의 사별 후 그만큼 슬퍼야 하고 우울증이 찾아옵니다. 유명 배우가 알콜 중독, 마약, 자살로 치닫는 이유는 사람들의 사랑이 떠날 때 견잡지 못한 까닭입니다. 사랑했기 때문에 상처 받는 것입니다. 인간 사랑은 한마디로 '본전치기 사랑'입니다.

> "그리스도 예수의 사람들은 육체와 함께 그 정욕과 탐심을 십자가에 못 박았느니라"(갈 5:24)

3-2 기초가 되는 사랑의 은사

모든 은사의 바탕에는 사랑의 은사가 기저를 이루어야 합니다. 아픈 사람을 볼 때 안타까움이 생겨서 신유의 은사가 나타납니다. 긍휼과 공감이 될 때 기도가 하나님께 상달됩니다. 잘못가는 사람을 바로 지도해 주기 위해 분별이 필요하고 바른 재판을 위해 지혜가 필요합니다. 구원받지 못한 사람을 그냥 두고 볼 수 없을 때 지혜와 지식의 말씀을 하나님께서 쏟아 부으십니다. 모든 은사의 배경에는 영혼을 사랑하는 마음이 존재합니다. 사랑으로 천국 가는 것은 아니지만 사랑이 없으면 천국 길을 가로막게 됩니다. 예수님이 책망하신 바리새인들은 기도, 구제, 경건이 있었지만 믿음과 사랑이 없었습니다.

> "화 있을진저 외식하는 서기관들과 바리새인들이여 너희는 천국 문을 사람들 앞에서 닫고 너희도 들어가지 않고 들어가려 하는 자도 들어가지 못하게 하는도다"(마 23:13)

hypocrites! You shut the door of the kingdom of heaven in people's faces. You yourselves do not enter, nor will you let those enter who are trying to." (Matt 23:13)

은사 발견과 사용

The Finding and Using of Spiritual Gift

1. The Five Items of Finding the Mission

(1) Since God made us by shaping soil, each of us has the individual distinctive feature, role, and mission.

8 Your hands shaped me and made me. (Job 10:8a)

(2) The five items of finding our mission

① Natural ability

② One's favorite work

13 for it is God who works in you to will and to act in order to fulfill his good purpose. 14 Do everything without grumbling or arguing, (Phil 2:13-14)

③ Disposition

④ Experience

a. God calls each person in a different way.

And Saul approved of their killing him. On that day a great persecution broke out against the church in Jerusalem, and all except the apostles were scattered throughout Judea and Samaria. (Act 8:1)

b. Educational experience

3 I am a Jew, born in Tarsus of Cilicia, but brought up in this city. I studied under Gamaliel and was thoroughly trained in the law of our ancestors. I was just as zealous for God as any of you are today. (Act 22:3)

1. 사명을 발견하는 5가지 방편

(1) 하나님은 우리를 빚어서 각각 만드셨기 때문에 개인마다의 특징과 역할, 사명이 있습니다.

"주의 손으로 나를 빚으셨으며"(욥 10:8a)

(2) 우리의 사명을 발견하는 5가지

① 자연적 재능

② 좋아하는 일(소원)

"너희 안에서 행하시는 이는 하나님이시니 자기의 기쁘신 뜻을 위하여 너희에게 소원을 두고 행하게 하시나니 모든 일을 원망과 시비가 없이 하라"(빌 2:13-14)

③ 기질

④ 경험

a. 개인마다 하나님은 다른 방법으로 부르십니다.

"사울은 그가 죽임 당함을 마땅히 여기더라 그 날에 예루살렘에 있는 교회에 큰 박해가 있어 사도 외에는 다 유대와 사마리아 모든 땅으로 흩어지니라"(행 8:1)

b. 교육적 경험

"나는 유대인으로 길리기아 다소에서 났고 이 성에서 자라 가말리엘의 문하에서 우리 조상들의 율법의 엄한 교훈을 받았고 오늘 너희 모든 사람처럼 하나님께 대하여 열심이 있는 자라"(행 22:3)

c. Suffering experience, especially, individual hurt of life

⑤ Spiritual gift

Natural ability	Spiritual gift
a) It is given at birth.	a) It is given when one accepts Jesus.
b) It is deeply involved with one's biological parents.	b) The Holy Spirit distributes it.(1 Cor 12:11)
c) It is useful for the life in this world and gives the world usefulness.	c) It edifies the virtue of the church.
d) It glorifies self.	d) It glorifies God.
e) It is given of itself. It has nothing to do with one's own will.	e) The Holy Spirit distributes, but God accepts our entreaty. (Luk 11:10-13)

2. The Right Use of Spiritual Gifts for the Church and Mission

2-1 How to Receive Spiritual Gifts

Christianity is the religion of Kairos [timing]. Jesus came to this world when his time had come. (Mark 1:15) God first let the people fulfill the roads of Rome and Greek culture and language for the purpose of the globalization, and had John the Baptist make straight the way for the Lord. (John 1:23) Likewise, the Holy Spirit also started his works on this world when the time had come.

4 On one occasion, while he was eating with them, he gave them this command: "Do not leave Jerusalem, but wait for the gift my Father promised, which you have heard me speak about. 5 For

c. 고난의 경험 특히 인생의 상처
⑤ 영적 은사

자연적 재능	영적 은사
a) 태어날 때 주어집니다.	a) 예수님을 영접시 주어집니다.
b) 육신의 부모와 관련이 깊습니다.	b) 성령님께서 나누어 주십니다(고전 12:11).
c) 세상 살기에 유익하고 세상에 유익을 줍니다.	c) 교회에 덕을 세웁니다.
d) 나 자신을 영광스럽게 합니다.	d) 하나님을 영광스럽게 합니다.
e) 저절로 주어집니다. 자신의 의지와 상관없습니다.	e) 성령님이 분배하시나 우리의 강청을 들으십니다(눅 11:10-13).

2. 교회와 사명을 위한 은사의 올바른 사용

2-1 은사받는 방법

기독교는 때(카이로스 : 'timing')의 종교입니다. 예수님도 때가 찼을 때 이 땅에 오셨습니다(막 1:15). 하나님께서는 로마의 도로, 세계화를 지향한 헬라 문화와 언어들을 먼저 구비시키셨으며, 세례 요한으로 하여금 주의 길을 곧게 하도록 하셨습니다(요 1:23). 이처럼 성령님도 때가 됐을 때 이 땅에 오셔서 사역을 시작하셨습니다.

> "사도와 함께 모이사 그들에게 분부하여 이르시되 예루살렘을 떠나지 말고 내게서 들은 바 아버지께서 약속하신 것을 기다리라 요한은 물로 세례를 베풀었으나 너희는 몇 날이 못되어 성령으로 세례를 받으리라 하셨느니라" (행 1:4-5)

John baptized with[a] water, but in a few days you will be baptized with[b] the Holy Spirit."(Act 1:4-5)

The spiritual gift, God's present, requires God's time and preparation. Even though we importunately ask our father for a knife or a car, we cannot get it. The maturity of faith is a prerequisite from the viewpoint of God. When we take a look at the people who received spiritual gift throughout the Old and New Testament, we are able to figure out what phenomenon and posture are required.

(1) In the case of the Old Testament

① When one receives putting hands on: When Joshua's faith became ripe, and when Moses laid his hands on Joshua, wisdom came on.

9 Now Joshua son of Nun was filled with the spirit of wisdom because Moses had laid his hands on him. So the Israelites listened to him and did what the Lord had commanded Moses. (Deut 34:9)

② Obeying the words of God: In the era of the Old Testament, property and land were usually regarded as blessing. In the era of the New Testament, Jesus taught that the coming of the invisible kingdom of God is greater blessing. We should not disregard the blessing which God promised in the Old Testament. The power to earn property is also spiritual gift.

18 But remember the Lord your God, for it is he who gives you the ability to produce wealth, and so confirms his covenant, which he swore to your ancestors, as it is today. (Deut 8:18)

하나님의 선물인 은사는 이와같이 개인적으로 하나님의 때와 예비하심이 있어야 합니다. 우리가 떼를 쓴다고 칼이나 차를 아버지께 얻어낼 수는 없습니다. 하나님께서 보실 때 충분한 신앙적 성숙이 전제 되어야 합니다. 신·구약을 통해 은사받은 사람을 살펴보면 우리가 은사받을 때 나타나는 현상과 어떤 자세가 필요한지를 가늠해 볼 수 있습니다.

(1) 구약의 경우

① 안수받을 때 : 여호수아의 신앙이 무르익고, 모세가 안수할 때 지혜가 임했습니다.

"모세가 눈의 아들 여호수아에게 안수하였으므로 그에게 지혜의 영이 충만하니 이스라엘 자손이 여호와께서 모세에게 명령하신 대로 여호수아의 말을 순종하였더라"(신 34:9)

② 말씀 순종 : 구약시대는 축복이 물질과 땅일 때가 많았습니다. 신약시대는 보이지 않는 하나님의 나라가 임하는 것이 더 큰 축복이라고 예수님은 가르치셨습니다. 구약에서 약속하신 축복을 무시하지 말아야 합니다. 재물 얻는 능력도 하늘의 은사입니다.

"네 하나님 여호와를 기억하라 그가 네게 재물 얻을 능력을 주셨음이라 이같이 하심은 네 조상들에게 맹세하신 언약을 오늘과 같이 이루려 하심이니라"(신 8:18)

③ Parents' piety: As we see in the family of Samuel and Manoah, parents' prayer and piety are important when one receives spiritual gift. Samuel received the spiritual gift of pastoring and governing as a judge through his mother's prayer vow. And Samson received the spiritual gift of strength from God. Good health is also a spiritual gift and Herculean strength can be said to be a spiritual gift given by God.

10 In her deep anguish Hannah prayed to the Lord, weeping bitterly. 11 And she made a vow, saying, "Lord Almighty, if you will only look on your servant's misery and remember me, and not forget your servant but give her a son, then I will give him to the Lord for all the days of his life, and no razor will ever be used on his head."(1 Sam 1:10-11)

14 As he approached Lehi, the Philistines came toward him shouting. The Spirit of the Lord came powerfully upon him. The ropes on his arms became like charred flax, and the bindings dropped from his hands. (Judg 15:14)

④ A thousand burnt offerings and a resolve prayer: Solomon received the spiritual gift of wisdom through a thousand burnt offerings. This incident was a dialogue between God and Solomon in a dream. When one has a fervent wish, he can receive a spiritual gift.

4 The king went to Gibeon to offer sacrifices, for that was the most important high place, and Solomon offered a thousand burnt offerings on that altar. 5 At Gibeon the Lord appeared to Solomon during the night in a dream, and God said, "Ask for whatever you want me to give you."(1 King 3:4-5)

⑤ When one earnestly solicits: At the time when Elijah ascended to

③ 부모의 경건 : 사무엘의 가정, 마노아의 가정처럼 부모의 기도와 경건이 은사받을 때 중요합니다. 사무엘은 어머니의 서원 기도를 통해 사사로서 목회와 다스림의 은사를 부여 받았습니다. 또한 삼손은 힘이라는 특별한 은사를 하나님께서 주셨는데 좋은 건강도 은사이며, 장사(壯士)같은 힘의 소유도 천부(天賦)의 은사라고 할 수 있습니다.

"한나가 마음이 괴로워서 여호와께 기도하고 통곡하며 서원하여 이르되 만군의 여호와여 만일 주의 여종의 고통을 돌보시고 나를 기억하사 주의 여종을 잊지 아니하시고 주의 여종에게 아들을 주시면 내가 그의 평생에 그를 여호와께 드리고 삭도를 그의 머리에 대지 아니하겠나이다"(삼상 1:10-11)

"삼손이 레히에 이르매 블레셋 사람들이 그에게로 마주 나가며 소리 지를 때 여호와의 영이 삼손에게 갑자기 임하시매 그의 팔 위의 밧줄이 불탄 삼과 같이 그의 결박되었던 손에서 떨어진지라"(삿 15:14)

④ 일천 번제 혹은 작정기도 : 솔로몬은 일천 번제를 드림으로 지혜를 받았습니다. 이 사건은 꿈에서 이루어진 하나님과 솔로몬과의 대화입니다. 꿈에도 소원일 만큼 간절해질 때 은사를 받을 수 있습니다.

"이에 왕이 제사하러 기브온으로 가니 거기는 산당이 큼이라 솔로몬이 그 제단에 일천 번제를 드렸더니 기브온에서 밤에 여호와께서 솔로몬의 꿈에 나타나시니라 하나님이 이르시되 내가 네게 무엇을 줄꼬 너는 구하라"(왕상 3:4-5)

⑤ 간절히 매달릴 때 : 엘리사는 엘리야가 승천할 즈음에 갑절의 능

heaven, Elisha asked Elijah for a double portion of his spirit. Other disciples had already known about Elijah's ascending to heaven (1 King 2:5), but only Elisha asked for a double portion of spirit, having followed Elijah to Jordan.

9 When they had crossed, Elijah said to Elisha, "Tell me, what can I do for you before I am taken from you?" "Let me inherit a double portion of your spirit," Elisha replied. 10 "You have asked a difficult thing," Elijah said, "yet if you see me when I am taken from you, it will be yours—otherwise, it will not."(2 King 2:9-10)

(2) In the case of the New Testament

① Spiritual gift was handed down over disciples from teachers: In the Old Testament, spiritual gift of spiritual people like Moses, Elijah, and Elisha was handed down over their disciples. Also in the New Testament, the spiritual gift and power came down on his disciples who had followed Jesus. When a teacher and a disciple are sharing their pleasures and bitterness of life, the teacher's mind is handed down over his disciple, and the same or greater spiritual gift comes down on him.

14 He appointed twelve that they might be with him and that he might send them out to preach 15 and to have authority to drive out demons. (Mark 3:14-15)

12 Very truly I tell you, whoever believes in me will do the works I have been doing, and they will do even greater things than these, because I am going to the Father. (John 14:12)

② When all joined together constantly in prayer: After Jesus ascended

력을 엘리야에게 요청합니다. 다른 제자들도 엘리야의 승천을 이미 알고 있었지만(왕하 2:5) 엘리사만이 요단까지 따라가며 성령이 하시는 갑절의 역사를 구했습니다.

"건너매 엘리야가 엘리사에게 이르되 나를 네게서 데려감을 당하기 전에 내가 네게 어떻게 할지를 구하라 엘리사가 이르되 당신의 성령이 하시는 역사가 갑절이나 내게 있게 하소서 하는지라 이르되 네가 어려운 일을 구하는도다 그러나 나를 네게서 데려가시는 것을 네가 보면 그 일이 네게 이루어지려니와 그렇지 아니하면 이루어지지 아니하리라 하고"(왕하 2:9-10)

(2) 신약의 경우

① 스승으로부터 전수됨 : 구약에서 모세, 엘리야, 엘리사 등 영적인 사람에게서 은사는 제자들에게 전수되었습니다. 신약에서도 예수님을 따라다닌 제자들에게 성령의 은사와 권능이 임했습니다. 스승과 제자가 동거동락하여 스승의 마음이 전달될 때 동일한 은사 혹은 더 큰 은사가 임하게 됩니다.

"이에 열둘을 세우셨으니 이는 자기와 함께 있게 하시고 또 보내사 전도도 하며 귀신을 내쫓는 권능도 가지게 하려 하심이러라"(막 3:14-15)

"내가 진실로 진실로 너희에게 이르노니 나를 믿는 자는 내가 하는 일을 그도 할 것이요 또한 그보다 큰 일도 하리니 이는 내가 아버지께로 감이라"(요 14:12)

into heaven, when one hundred and twenty believers got together at Mark's Upper Room, and all joined together constantly in prayer for ten days, they received the Holy Spirit which heavenly Father had promised. Those were all saved people, but we can find a little different feature of the Holy Spirit of salvation shown in Acts.

14 They all joined together constantly in prayer, along with the women and Mary the mother of Jesus, and with his brothers. 15 In those days Peter stood up among the believers. (a group numbering about a hundred and twenty) (Act 1:14-15)

When the day of Pentecost came, they were all together in one place. 2 Suddenly a sound like the blowing of a violent wind came from heaven and filled the whole house where they were sitting. 3 They saw what seemed to be tongues of fire that separated and came to rest on each of them. 4 All of them were filled with the Holy Spirit and began to speak in other tongues as the Spirit enabled them. (Act 2:1-4)

③ When listening to the words of God: When prayer to God at Cornelius' home, who was a centurion in the Italian Regiment, was conveyed to heaven, God told him to invite Peter, who was staying at the place of a tanner named Simon. After Cornelius and Peter experienced a vision, a family revival meeting was held at Cornelius' home. Cornelius, his relatives, and his friends experienced the coming down of the Holy Spirit while they were listening to the words of God. After this incident, the door of the mission work for aliens began to be opened from Cornelius' family.

44 While Peter was still speaking these words, the Holy Spirit came on all who heard the message. 45 The circumcised

② 모여서 기도에 오로지 전념할 때 : 예수님 승천 후 120문도가 마가 다락방에 모여서 10일간 오로지 기도에 힘쓸 때 아버지가 약속하신 성령을 받았습니다. 이들은 이미 구원받은 자들입니다. 하지만 사도행전에서는 내주하시는 구원의 성령님과는 다른 형태의 성령임재 모습을 찾아볼 수 있습니다.

"여자들과 예수의 어머니 마리아와 예수의 아우들과 더불어 마음을 같이하여 오로지 기도에 힘쓰더라 모인 무리의 수가 약 백이십 명이나 되더라 그 때에 베드로가 그 형제들 가운데 일어서서 이르되"(행 1:14-15)

"오순절 날이 이미 이르매 그들이 다같이 한 곳에 모였더니 홀연히 하늘로부터 급하고 강한 바람 같은 소리가 있어 그들이 앉은 온 집에 가득하며 마치 불의 혀처럼 갈라지는 것들이 그들에게 보여 각 사람 위에 하나씩 임하여 있더니 그들이 다 성령의 충만함을 받고 성령이 말하게 하심을 따라 다른 언어들로 말하기를 시작하니라"(행 2:1-4)

③ 말씀을 들을 때 : 이달리야 부대 백부장인 고넬료 가정에서 드렸던 구제와 기도가 하나님께 상달되었을 때 하나님께서는 피장 시몬의 집에 체류하고 있었던 베드로를 초청하라고 말씀하셨습니다. 고넬료와 베드로 쌍방간의 환상체험 이후에 고넬료 집에서 가족 부흥회가 열립니다. 고넬료와 친척, 가까운 친구들이 말씀을 듣던 중 성령임재를 체험합니다. 이 사건 이후 고넬료 가정에서부터 이방선교의 문이 열리게 되었습니다.

"베드로가 이 말을 할 때에 성령이 말씀 듣는 모든 사람에게 내려오시니 베드로와 함께 온 할례 받은 신자들이 이방인들에게도 성령 부어 주심으로 말미암아 놀라니 이는 방언을 말하며 하나님 높임을 들음이러라"(행

believers who had come with Peter were astonished that the gift of the Holy Spirit had been poured out even on Gentiles. 46 For they heard them speaking in tongues and praising God. (Act 10:44-46)

④ The prayer and laying of hands on of the believers who received the Holy Spirit: The spiritual gift is handed down through the people who received the Holy Spirit. In the case of the laying of hands, one should not lay hands on or receive laying of hands recklessly, because spiritual interchange is a prerequisite.

11 I long to see you so that I may impart to you some spiritual gift to make you strong— (Rom 1:11)

6 When Paul placed his hands on them, the Holy Spirit came on them, and they spoke in tongues and prophesied. (Act 19:6)

22 Do not be hasty in the laying on of hands, (1 Tim 5:22a)

17 Then Peter and John placed their hands on them, and they received the Holy Spirit. 18 When Simon saw that the Spirit was given at the laying on of the apostles'hands, he offered them money 19 and said, "Give me also this ability so that everyone on whom I lay my hands may receive the Holy Spirit."20 Peter answered: "May your money perish with you, because you thought you could buy the gift of God with money!" (Act 8:17-20)

Simon, a magician, who followed Philip to see only his great signs and powers, failed to form a sound repentance nor gain salvation but eventually, brought about the unfortunate result of becoming the ring leader of heresy of gnosticism.

⑤ The time of piety:

2 He and all his family were devout and God-fearing; he gave

10:44-46)

④ 성령받은 사람의 기도나 안수 : 성령받은 사람을 통해 성령의 은사가 전달됩니다. 안수의 경우에는 영적교류가 이루어지므로 악령이나 질병이 전이되지 않도록 선불리 안수해서는 안 되며 함부로 안수받지도 말아야 합니다.

"내가 너희 보기를 간절히 원하는 것은 어떤 신령한 은사를 너희에게 나누어 주어 너희를 견고하게 하려 함이니"(롬 1:11)

"바울이 그들에게 안수하매 성령이 그들에게 임하시므로 방언도 하고 예언도 하니"(행 19:6)

"아무에게나 경솔히 안수하지 말고"(딤전 5:22a)

"이에 두 사도가 그들에게 안수하매 성령을 받는지라 시몬이 사도들의 안수로 성령 받는 것을 보고 돈을 드려 이르되 이 권능을 내게도 주어 누구든지 내가 안수하는 사람은 성령을 받게 하여 주소서 하니 베드로가 이르되 네가 하나님의 선물을 돈 주고 살 줄로 생각하였으니 네 은과 네가 함께 망할지어다"(행 8:17-20)

빌립의 표적을 보고 따랐던 마술사 시몬은 온전한 회개와 구원을 이루지 못하고 표적과 큰 권능만 보고 쫓아다니다가 결국 영지주의 이단의 괴수가 되는 불행한 결과를 초래했습니다.

generously to those in need and prayed to God regularly. 3 One day at about three in the afternoon he had a vision. He distinctly saw an angel of God, who came to him and said, "Cornelius!"(Act 10:2-3)

⑥ Solitude: St. Paul experienced a real change through the meeting with Jesus on the way to Damascus. After St. Paul was converted to Christianity, he visited the Jerusalem Church, but the believers were indifferent to him. Probably, there might have been the family members of Deacon Stephen, who died a martyr, and his congregation. When the hurt of Stephen's martyrdom was not healed, it might not have been easy for the Jerusalem Church to welcome St. Paul, because he was the very person who was in charge of the witnesses' clothes when he was killed. Even though he was converted from Judaism to Christianity, he was not yet accepted by Christians. When people turn their backs on you, please go to Arabia desert just like St. Paul did. God will give you a wonderful spiritual experience at the desert of prayer.

16 to reveal his Son in me so that I might preach him among the Gentiles, my immediate response was not to consult any human being. 17 I did not go up to Jerusalem to see those who were apostles before I was, but I went into Arabia. Later I returned to Damascus. (Gal 1:16-17)

⑦ Through the trials: What you must not spend wastefully in this world is not only money and time. You must not waste trials. Some people forsake and abandon at the time of trials, being soaked in drink. They just look at a distant mountain, thinking that time and tide is medicine.

⑤ 경건한 시간

"그가 경건하여 온 집안과 더불어 하나님을 경외하며 백성을 많이 구제하고 하나님께 항상 기도하더니 하루는 제 구 시쯤 되어 환상 중에 밝히 보매 하나님의 사자가 들어와 이르되 고넬료야 하니"(행 10:2-3)

⑥ 고독 : 사도바울은 다메섹 도상에서 예수님을 만남으로 진정으로 변화되었습니다. 개종 후 사도바울이 예루살렘 교회에 갔으나 교인들이 냉담합니다. 아마도 예루살렘 교회에 순교당했던 스데반 집사의 가족과 교우가 상당수 있었을 것으로 추측됩니다. 스데반 순교의 상처가 미처 아물지도 않았는데 스데반 순교시 옷을 맡았던 사람을 환대한다는 것은 쉽지 않았으리라 짐작할 수 있습니다. 유대교에서 개종했으나 기독교에서는 아직도 받아들여지질 않았습니다. 사람들이 등을 돌리고 하늘만 보아야 할 때 사도바울처럼 아라비아 광야로 가십시오. '기도의 광야'에서 하나님께서는 놀라운 영적 체험을 베푸실 것입니다.

"그의 아들을 이방에 전하기 위하여 그를 내 속에 나타내시기를 기뻐하셨을 때에 내가 곧 혈육과 의논하지 아니하고 또 나보다 먼저 사도 된 자들을 만나려고 예루살렘으로 가지 아니하고 아라비아로 갔다가 다시 다메섹으로 돌아갔노라"(갈 1:16-17)

⑦ 고난을 통해 : 이 세상에서 허비하지 말아야 할 것은 비단 돈, 시간뿐만이 아닙니다. 고난을 허비하지 마십시오. 어떤 사람은 고난에 자포자기하고, 술에 젖어 살며 체념합니다. 세월이 약이려니 하고 먼 산만 봅니다. 그러나 하나님은 고난 속에서 기도가 깊어

But God wants our prayers to be deeper when we are under any trials. That is a rare chance for us to meet the Lord. The trial is a signal that God is near us. Cry out while you are under trials, and you will receive the spiritual gift and power of heaven.

6 Seek the Lord while he may be found; call on him while he is near. (Isai 55:6)

12 Then you will call on me and come and pray to me, and I will listen to you. 13 You will seek me and find me when you seek me with all your heart. (Jerem 29:12-13)

3 'Call to me and I will answer you and tell you great and unsearchable things you do not know.'(Jerem 33:3)

When a spiritual gift is provided for us, God usually drives us into trial through prayer. A trial is a disguised blessing.

> [Reference]: A book, entitled 「Haneureui Gwonneung-i Imhaneun Breujitneun Gido」 [Shouting Prayer Bringing the Heavenly Power] Vol. 1-2 written by Rev. Jeong, Won is recommended.

(3) Matters of attention when one receives a transcendental spiritual gift

① When one receives a spiritual gift, demons make an all-out attack. When you are confronted with an undeserved situation, a trap, a temptation or tribulation, go forward to the Lord through prayers and the words who was crucified on the cross rather than roam about in search of people.

② If you postpone your wrestling with God just because of its difficulty,

지길 원하십니다. 주님을 만날 수 있는 절호의 기회입니다. 고난은 하나님께서 가까이 계시다는 신호입니다. 고난 중에 부르짖으십시오. 하늘의 은사와 권능을 받게 될 것입니다.

"너희는 여호와를 만날 만한 때에 찾으라 가까이 계실 때에 그를 부르라"(사 55:6)

"너희가 내게 부르짖으며 내게 와서 기도하면 내가 너희들의 기도를 들을 것이요 너희가 온 마음으로 나를 구하면 나를 찾을 것이요 나를 만나리라"(렘 29:12-13)

"너는 내게 부르짖으라 내가 네게 응답하겠고 네가 알지 못하는 크고 은밀한 일을 네게 보이리라"(렘 33:3)

하나님의 은사가 예비됐을 때는 일반적으로 하나님께서 우리를 고난으로 몰고 가십니다. 기도로 몰고 가십니다. 고난은 변장된 축복입니다.

〔참조〕 부르짖는 기도에 대해서는 정원 목사가 쓴 「하늘의 권능이 임하는 부르짖는 기도 1,2」를 주천합니다.

(3) 초월적 은사를 받을 때 주의할 점

① 은사를 받을 때 마귀의 총공격이 옵니다. 억울한 일, 모함, 시험이나 환란 시에 사람을 찾아 헤매지 말고 기도로, 말씀으로 십자가를 지신 주님께 나아가십시오.

② 어려움 때문에 하나님과의 씨름을 뒤로 미루면 언제 기회가 다시 올는지 모르며, 다음번에는 이미 마음이 연단되어 있기 때문에 더 큰 어려움이 닥쳐오게 됩니다. 왜냐하면 하나님의 목적은 내

nobody knows when the next chance will come. As your mind has already hardened, next time you will be faced with still a bigger difficulty, because God wants you to be broken.

3 Blessed are the poor in spirit, for theirs is the kingdom of heaven. (Matt 5:3)

*['The poor in spirit' here means 'bankrupt'.]

24 So Jacob was left alone, and a man wrestled with him till daybreak. 25 When the man saw that he could not overpower him, he touched the socket of Jacob's hip so that his hip was wrenched as he wrestled with the man. (Gen 32:24-25)

*['Wrestling' here means 'pray'. The original meaning of 'prayer' is 'wrestling.']

③ Pray constantly until you receive spiritual gift. Never break off your praying.

17 As a pregnant woman about to give birth writhes and cries out in her pain, so were we in your presence, Lord. (Isai 26:17)

④ Don't get into temptation on account of greed, hot blood, or devil's schemes.

26 But Elisha said to him, "Was not my spirit with you when the man got down from his chariot to meet you? Is this the time to take money or to accept clothes—or olive groves and vineyards, or flocks and herds, or male and female slaves? 27 Naaman's leprosy will cling to you and to your descendants forever."Then Gehazi went from Elisha's presence and his skin was leprous—it had become as white as snow. (2 King 5:26-27)

2 The evening meal was in progress, and the devil had already prompted Judas, the son of Simon Iscariot, to betray Jesus. (John 13:2)

가 깨지기를 원하시기 때문입니다.

"심령이 가난한 자는 복이 있나니 천국이 그들의 것임이요"(마 5:3)

(여기서 마음이 가난하다는 뜻은 '파산'의 의미를 담고 있습니다.)

"야곱은 홀로 남았더니 어떤 사람이 날이 새도록 야곱과 씨름하다가 자기가 야곱을 이기지 못함을 보고 그가 야곱의 허벅지 관절을 치매 야곱의 허벅지 관절이 그 사람과 씨름할 때에 어긋났더라"(창 32:24-25)

(여기서 씨름이란 기도를 뜻합니다. 기도의 원래 뜻이 씨름입니다.)

③ 은사를 얻을 때까지 기도하십시오. 중단하지 마십시오.

"여호와여 잉태한 여인이 산기가 임박하여 산고를 겪으며 부르짖음 같이 우리가 주 앞에서 그와 같으니이다"(사 26:17)

④ 탐욕이나 혈기, 마귀의 궤계에 의하여 시험에 떨어지지 마십시오.

"엘리사가 이르되 한 사람이 수레에서 내려 너를 맞이할 때에 내 마음이 함께 가지 아니하였느냐 지금이 어찌 은을 받으며 옷을 받으며 감람원이나 포도원이나 양이나 소나 남종이나 여종을 받을 때이냐 그러므로 나아만의 나병이 네게 들어 네 자손에게 미쳐 영원토록 이르리라 하니 게하시가 그 앞에서 물러나오매 나병이 발하여 눈같이 되었더라"(왕하 5:26-27)

"마귀가 벌써 시몬의 아들 가룟 유다의 마음에 예수를 팔려는 생각을 넣었더라"(요 13:2)

If you are attacked by the devil due to your mistake, after you received a spiritual gift, you'd better rather not have received it.

2-2 The Fruit of the Working and Mission

(1) It accompanies joy and benefit.

(2) It should make others happy as well as me. A proverb says, "Do not teach a pig music." In case I am happy, but others are disgusting, that is not right use of spiritual gift.

(3) Its effect becomes greater. A spiritual gift is easily understood if you compare it to receiving an instrument from God. In digging the ground, a shovel is more effective than a hand. A Poclain [a mechanical excavator] works equivalent to the amount of two thousand people. In case your fruit is dubious, you need to check your spiritual gift again.

2-3 Some Careful Matters in the Working of Spiritual Gifts

(1) One should listen to the advice of a spiritual leader. Even though a man receives a car as a gift, he cannot drive the car immediately. Many people who received spiritual gift gives rise to many serious problems owing to the use of it without training. For instance, driving a large-sized bus requires more tests and training. Otherwise, the driving may cause many people as well as the driver to be injured.

Spiritual gift needs guidance. Even though a man is given an English book, he cannot command good English. When he politely accepts it, he will not go the wrong way, but continuously go forward.

은사를 받고 잘못 관리하여 마귀에게 공격당하면 차라리 안받는 것만 못함을 알아야 합니다.

2-2 은사 사역의 열매

(1) 기쁨과 보람을 수반합니다.
(2) 나도 좋고 남도 좋아야 합니다. "돼지에게는 음악을 가르치지 말라."는 속담이 있습니다. 내가 좋고 남에게 역겨우면 바른 은사 사용이 아닙니다.
(3) 효과가 큽니다. 은사란 마치 하나님께 도구를 받은 것에 비유하면 이해가 빠릅니다. 손으로 파는 것보다 삽이 효과적이고 포크레인을 사용하면 2,000명 분의 일을 감당합니다. 반면 열매가 이상하면 은사의 재점검이 필요합니다.

2-3 은사 사역 시 주의할 점

(1) 영적 지도자의 충고를 들어야 합니다. 자동차를 선물로 받았다고 운전을 곧바로 할 수 있는 것은 아닙니다. 많은 사람들이 훈련 없이 은사를 사용해서 문제를 야기합니다. 일례로 대형버스는 더 힘든 시험과 훈련이 필요합니다. 그렇지 않은 경우 자신뿐 아니라 많은 사람을 다치게 할 수 있습니다.
영적 은사는 지도가 필요합니다. 영어 책을 선물로 받았다고 유창한 영어를 구사할 수는 없습니다. 겸손으로 수용할 때 잘못 가지 않고 계속 발전할 수 있습니다.

(2) One must obey the directions of one's senior pastor or the session. With relation to the words of God and service as shown in the Jesus' teaching of Martha and Maria, the work of the words has priority over service.

38 As Jesus and his disciples were on their way, he came to a village where a woman named Martha opened her home to him. 39 She had a sister called Mary, who sat at the Lord's feet listening to what he said. 40 But Martha was distracted by all the preparations that had to be made. She came to him and asked, "Lord, don't you care that my sister has left me to do the work by myself? Tell her to help me!"41 "Martha, Martha,"the Lord answered, "you are worried and upset about many things, 42 but few things are needed—or indeed only one. Mary has chosen what is better, and it will not be taken away from her."(Luke 10:38-42)

Spiritual gift is God's present for service in order to edify the virtue of the church. If the senior pastor or the session restrains, one must strive for prayer, the word, and piety, realizing that his time has not come yet. His service may possibly go the wrong way.

(3) One should be careful so that his spiritual gift may not cause split or confusion of the church.

33 For God is not a God of disorder but of peace— (1 Cor 14:33a)
39 Therefore, my brothers and sisters, be eager to prophesy, and do not forbid speaking in tongues. 40 But everything should be done in a fitting and orderly way. (1 Cor 14:39-40)

(2) 담임목사나 당회의 지시에 순종해야 합니다. 말씀과 섬김에서는 마르다와 마리아의 예로 예수님께서 가르치셨듯이 말씀 사역이 봉사보다 우선합니다.

"그들이 길 갈 때에 예수께서 한 마을에 들어가시매 마르다라 이름하는 한 여자가 자기 집으로 영접하더라 그에게 마리아라 하는 동생이 있어 주의 발치에 앉아 그의 말씀을 듣더니 마르다는 준비하는 일이 많아 마음이 분주한지라 예수께 나아가 이르되 주여 내 동생이 나 혼자 일하게 두는 것을 생각하지 아니하시나이까 그를 명하사 나를 도와 주라 하소서 주께서 대답하여 이르시되 마르다야 마르다야 네가 많은 일로 염려하고 근심하나 몇 가지만 하든지 혹은 한 가지만이라도 족하니라 마리아는 이 좋은 편을 택하였으니 빼앗기지 아니하리라 하시니라"(눅 10:38-42)

은사는 교회의 덕을 세우는 봉사를 위한 하나님의 선물입니다. 담임목사나 당회가 제지하면 아직 때가 되지 않은 줄 알고 더욱 기도와 말씀과 경건에 매진하여 무르익어야 합니다. 자칫하면 잘못된 봉사로 흐를 수 있기 때문입니다.

(3) 은사가 교회의 분열이나 혼동을 야기하지 않도록 유의해야 합니다.

"하나님은 무질서의 하나님이 아니시요 오직 화평의 하나님이시니라"(고전 14:33a)

"그런즉 내 형제들아 예언하기를 사모하며 방언 말하기를 금하지 말라 모든 것을 품위 있게 하고 질서 있게 하라"(고전 14:39-40)

(4) One should use it according to the principle of temperance and love. At the time of prophecy, one should be careful not to give the object any hurt or contempt even if his secrets in mind are revealed. God is a being of personality. All secrets should be dealt with prudently and personally. When Nathan rebuked David (2 Sam 12:1-5), he must not have performed it in public.

25 as the secrets of their hearts are laid bare. So they will fall down and worship God, exclaiming, "God is really among you!"(1 Cor 14:25)

(5) Spiritual gift is easily indignant at a trivial affair. When a person who received spiritual gift prays in a loud voice, if a person nearby pokes him in the ribs as a sign to be silent, he may get offended. When a pastor is criticized with his preaching, the pastor easily gets offended. This can be understandable in the same context.

(6) One should not put spiritual gift under taboo. God's present cannot have been made wrong. Even if one had a traffic accident causing some people to be killed, the car is not always in the wrong. (James 1:17) The function of a knife is different depending upon how it is used. A knife can be used for a surgical operation, for cooking, or can be a deadly weapon. When a spiritual gift is used for the glory of God and service for the church, having full knowledge in terms of God's mind, it can be very beneficial. Focusing on the wrong point for exaggeration is not a right attitude toward spiritual gift.

17 Every good and perfect gift is from above, coming down from the Father of the heavenly lights, who does not change like shifting shadows. (James 1:17)

(4) 절제와 사랑의 원리를 따라 사용해야 합니다. 예언 시 마음의 숨은 일들이 드러나게 될 때 상처나 모욕감을 주지 말아야 합니다. 하나님은 인격적인 하나님이십니다. 비밀한 일들은 조심스럽게 그리고 개인적으로 행해져야 합니다. 다윗을 향한 나단의 책망(삼하 12:1-5)이 공개적으로 이루어지지는 않았을 것입니다.

"그 마음의 숨은 일들이 드러나게 되므로 엎드리어 하나님께 경배하며 하나님이 참으로 너희 가운데 계신다 전파하리라"(고전 14:25)

(5) 은사는 노여움을 잘탑니다.

기도 은사 받은 사람이 큰 소리로 기도할 때 조용히 기도하란 뜻으로 쿡 찌르고 가면 노여워합니다. 성도가 목사의 설교를 비판하면 목사가 노여움을 잘 타는 이유도 같은 맥락에서 이해할 수 있습니다.

(6) 은사를 금기시(禁忌視) 하지 마십시오.

하나님께서 선물을 주셨는데 나쁜 것을 주셨겠습니까? 차 사고가 있고 심지어 사망에 이르는 참사가 주변에 있다고 해서 차 자체가 나쁜 것은 아닙니다(약 1:17). 칼이란 도구를 어떤 마음으로 어떻게 사용하는가에 따라 그 기능이 달라지는 것입니다. 칼로 수술도 할 수 있고 음식을 만들 수도 있으며 흉기가 되기도 합니다. 하나님의 마음으로 그 은사를 잘 숙지하고 사용해서 하나님의 영광과 교회 섬김을 위해 활용하면 많은 유익이 있습니다. 나쁜 것에 초점을 맞추어 침소봉대하는 것은 은사에 대한 바른 태도가 아닙니다.

"온갖 좋은 은사와 온전한 선물이 다 위로부터 빛들의 아버지께로부터 내려오나니 그는 변함도 없으시고 회전하는 그림자도 없으시니라"(약 1:17)

(7) When spiritual gift goes the wrong way, the church becomes distracted, and when spiritual gift is neglected, the church becomes an ignorant and rude.

Now about the gifts of the Spirit, brothers and sisters, I do not want you to be uninformed. (1 Cor 12:1)

Follow the way of love and eagerly desire gifts of the Spirit, especially prophecy. (1 Cor 14:1)

20 Brothers and sisters, stop thinking like children. In regard to evil be infants, but in your thinking be adults. (1 Cor 14:20)

In conclusion, spiritual gift is the mission and talent given to us from God for serving for the church, the body of Christ. All gifts including the transcendental spiritual gifts are just like all parts of our body, and the proper consummation of each function is God's will. Just as a natural gift can make a master by way of development, a spiritual gift can reach a higher stage, but if not trained, it degenerates.

For example, in connection with the spiritual gift of praising, the man, who received the spiritual gift, is given a mind to praise God. It also renders grace to others. In terms of praising, the longer one learns and practices, the more he improves. When singing hymnals in a choir, one must be in harmony with others. Watching the conductor, he must restrain himself. All these things glorify God and become beneficial for the church.

Transcendental spiritual gift is also given him who is desirous of receiving by God through many channels including prayers. Occasionally, like the spiritual gift of pastoring, God pours a gift upon a person regardless of his own will. But if he keeps his spiritual gift idle, it is thought to be a crime of

(7) 은사가 잘못 갈 때 고린도 교회같이 어지러운 교회가 되고 은사를 무시할 때 영적으로 무지한 교회가 됩니다.

"형제들아 신령한 것에 대하여 나는 너희가 알지 못하기를 원하지 아니하노니"(고전 12:1)

"사랑을 추구하며 신령한 것들을 사모하되 특별히 예언을 하려고 하라"(고전 14:1)

"형제들아 지혜에는 아이가 되지 말고 악에는 어린 아이가 되라 지혜에는 장성한 사람이 되라"(고전 14:20)

결론적으로 은사는 하나님께서 우리에게 그리스도의 몸된 교회를 섬기라고 주신 사명인 동시에 달란트입니다. 초월적 은사를 포함하여 모든 은사란 신체 부분과 같기 때문에 적절히 배치되고 각자의 기능을 잘 담당하는 것이 하나님의 뜻입니다. 천부의 재능을 개발하여 달인이 되는 것처럼 은사도 개발하여 더 높은 경지에 도달할 수 있으며 이와 반대로 사용하지 않으면 퇴화합니다.

찬양의 은사를 일례로 들면 찬양의 은사를 가진 분은 하나님께서 찬양 부르고 싶은 마음을 주십니다. 남들에게도 은혜가 됩니다. 찬양을 배우고 익히고 가다듬을수록 발전합니다. 찬양대에서 찬양할 때 다른 사람과 조화를 이루어야 합니다. 지휘자를 바라보며 자신을 절제합니다. 이 모든 것을 통해 하나님께 영광이 되고 교회에 유익이 됩니다.

초자연적 은사도 마찬가지로 받고 싶은 마음과 더불어 기도 등 여러 가지 경로를 통해 하나님으로부터 주어집니다. 때로는 목회의 은사처럼 내 의지와 상관없이 하나님께서 부어주시기도 합니다. 하지만 일단 받은 은사를 묻어두는 것은 태만의 죄에 해당한다고 여겨집니다(마

neglection. (Matt 25:24-30-'The man, who received one talent and did not use it, was a wicked and lazy servant.') Everyone should be a wise man who does not break the harmony of the whole church.

In a broad sense, the believers should face toward Jesus Christ, but in the individual church, the senior pastor executes the role of conductor. He is in charge of this work through discussing with the session. He or the session should consider the harmony of the whole church, and he arranges, tunes up, and fosters spiritual gift receivers just as a conductor asks the choir members to sing in lower or higher voice. The pastor sometimes invites an expert in order to make the whole church grow and supplement what the senior pastor falls short of. All spiritual gifts are not always complete. The work of preaching also may have mistakes.

Likewise, the spiritual gifts of wisdom, knowledge, prophecy, the distinction of spirits, speaking in tongues, and interpretation are also incomplete ones. (1 Cor 13:9) With regard to this, spiritual gift should start with enthusiasm, but be heading for the direction of modesty and love.

As God gave his gift to us free of charge, we also should give without charge. (Matt 10:7-8) We call the money that pastors receive "honorarium" not "salary," because it is not the price of labor but a token of thanks. Therefore, when God works for the spiritual gift of healing or prophecy, the act of asking for money is not right attitude of work. We should control and reduce ourselves to submission in order not to be salves of property and greed like the case of Balaam. When we live a life of gospel, we will have Heaven's awards and it will be greatly beneficial for our church.

7 As you go, proclaim this message: 'The kingdom of heaven has come near.'8 Heal the sick, raise the dead, cleanse those who

25:24-30 '한 달란트를 받고 사용하지 않았던 악하고 게으른 종'). 배우고 발전시키며 내 실수가 교회 전체의 하모니를 깨뜨리지 않도록 조심하는 지혜로운 자가 되어야 합니다.

크게는 예수 그리스도를 바라보아야 하지만 지교회(支教會)에서는 담임목사가 지휘자 역할을 대행합니다. 그리고 담임목사는 당회와 협의하여 이 사역을 감당하는 것입니다. 담임목사나 당회는 전체 조화를 생각해야 하기 때문에 지휘자가 찬양 대원의 소리를 줄이거나 크게 하도록 요구하는 것처럼, 초월적 은사를 가진 사람을 포함한 모든 은사자들을 배치, 조율, 양육하고 심지어는 전문가를 초빙하여 목사 자신이 부족한 부분을 보완시켜서 교회를 건강하게 발전시키는 것입니다. 모든 은사가 완전하지 않습니다. 설교사역 역시 얼마든지 오류가 있을 수 있습니다. 이처럼 지혜, 지식, 예언, 영들 분별함, 방언통역 등도 불완전한 은사입니다(고전 13:9). 그런 점에서 은사는 열심으로 시작하지만 겸손과 사랑의 방향을 지향해야 합니다.

은사는 하나님께로부터 거저 주어진 것인 만큼 거저주어야 합니다(마 10:7-8). 목사가 받는 돈을 봉급이라고 말하지 않고 사례라는 표현을 사용하는 것은 수고의 대가가 아니라 감사의 표시이기 때문입니다. 따라서 신유, 예언 등으로 하나님이 역사하실 때, 금전 요구를 하고 기도해 주는 행위는 올바른 사역의 자세가 아닙니다. 발람의 경우처럼 물질과 탐욕의 노예가 되지 않도록 자신을 쳐서 복종시켜야 합니다. 오직 복음을 위한 삶이 될 때 자신에게는 하늘의 상급이 되고 교회에 큰 유익이 될 것입니다.

"가면서 전파하여 말하되 천국이 가까이 왔다 하고 병든 자를 고치며 죽은 자를 살리며 나병환자를 깨끗하게 하며 귀신을 쫓아내되 너희가 거저 받았

have leprosy, drive out demons. Freely you have received; freely give. (Matt 10:7-8)

27 No, I strike a blow to my body and make it my slave so that after I have preached to others, I myself will not be disqualified for the prize. (1 Cor 9:27)

31 I face death every day—yes, just as surely as I boast about you in Christ Jesus our Lord. (1 Cor 15:31)

으니 거저 주라"(마 10:7-8)

"내가 내 몸을 쳐 복종하게 함은 내가 남에게 전파한 후에 자신이 도리어 버림을 당할까 두려워함이로다"(고전 9:27)

"형제들아 내가 그리스도 예수 우리 주 안에서 가진 바 너희에 대한 나의 자랑을 두고 단언하노니 나는 날마다 죽노라"(고전 15:31)

Epilogue

"What shall I give you, blessing or ability?"

At the age of six, I first put my feet into a church through the lead of a friend of mine. One year later, my parents failed in business. With this as a turning point, Christian life of my family began, attending Myung-nyun Jung-ang Church in Seoul. To make matters worse, during that crucial period, my father suddenly lost his eyesight due to a great strain on his nerves and became a first-grade visually handicapped. My father's visual disease was incurable through man's way or any medical treatment, because something wrong happened to his visual nerve and brain. My mother's prayer and family worship service continued, and he was sent to many prayer oratories or the people who received the spiritual gift of healing regardless of distance.

While my father was walking through the valley of tears, he continued his business, and his five children were able to finish their college education and established blessed homes after marriage. He kept on working even until he died last year at the age of eighty-nine. For the last ten years of his life he prayed seven or eight hours a day. This background of my life made me familiar with spiritual gifts.

In my boyhood, I experienced God's calling and his order to be a pastor three times, but I rejected every time. Apart from the poverty of pastor's family, the solitary life of the pastor and the gossip prone congregations that I observed nearby made me hesitate to be a pastor. God approached me three times who was headed the opposite direction like Jonah. He came

"축복을 줄까? 능력을 줄까?"

저는 여섯 살 때 친구의 인도로 교회에 첫 발을 디뎠습니다.

1년 후 부모님이 사업 실패를 하셨는데 이를 계기로 서울 명륜중앙교회를 다니면서 가족의 교회생활은 시작되었습니다. 어려웠던 시기에 설상가상으로 아버지가 너무 신경을 쓰신 탓인지 갑자기 시력을 상실하시고 1급 시각장애인이 되셨습니다. 아버지의 눈은 시신경과 뇌에 문제가 생긴 지라 인간의 방법, 의료 기술로는 고칠 수 없는 질병이었습니다.

이로인해 어머니의 본격적인 기도, 가정예배가 시작되었고 아버지는 기도원 그리고 신유 은사자라면 먼 길을 마다하지 않고 다니셨습니다. 아버지가 눈물 골짜기를 걸으시면서도 사업을 계속하셔서 우리 다섯 남매는 대학 공부를 마치고 모두 결혼하여 다복한 가정을 이룰 수 있었습니다.

아버지께서 89세로 돌아가시기까지 계속 일을 하시면서 그 바쁜 중에도 마지막 10년은 하루 7~8시간씩 기도하셨습니다. 이와 같은 성장 배경이 저로 하여금 은사와 친숙한 계기를 갖도록 하였습니다.

어렸을 때 '목사가 되라'는 하나님의 명령과 부르심이 세 번이나 있었지만 거부했습니다. 옆에서 지켜본 목사님과 가족의 가난, 말 많은 교인들 그리고 목회자의 외로운 길을 지켜보았던 저는 자신이 없었습니다.

요나같이 반대 방향을 가던 저에게 방향 설정을 위해 하나님께서 세

to me and asked about my intention with regard to the matters of marriage, theological studies, and my ability. God tenderly asked me as if a father asks his children when going to dine out, "What would you like to eat today?" God came up to me and asked just as he asked Jacob, "What do you want?" (Gen 32:22-29), asking Solomon, "What shall I give you?" after he finished one thousand burnt offerings (1 Sam 3:5), and in the way Elijah asked Elisha, "What can I do for you?" (2 King 2:9) God gave blessing to Jacob, wisdom to Solomon, and ability to Elisha.

The most important meeting with God in my life was at the time of my gloomy days when I handed in my resignation to my company, having resolved to major in theology at the age of thirty.

Even today, though many decades have passed since then, I often miss the time when I prayed at the Cheonggye Prayer Oratory. On a Monday evening, when I was praying all through the night by myself at my church, God came to me and asked, "What shall I give you, blessing or ability?" I answered, "Both of them, please." He said, "That's a knotty matter," and he disappeared. Since that time, I tried to find the meaning of God's inner voice. Since I realized spiritual gift and ability that I was endowed with from God, it took more than five years for me to arrange the matter. I received some help and guidance from many people.

I guess there are many good books about pneumatology are many, but the books about the field of spiritual gifts leave a bit to be desired. I made up my mind to share the biblical knowledge, experience about spiritual gifts with others, also hoping to share what I studied from the predecessors who received spiritual gifts earlier through editing a book.

번 찾아오셨습니다.

결혼문제, 신학공부 문제 그리고 능력에 관한 것을 하나님은 물으셨습니다. 하나님께서는 마치 아버지가 자녀들과 외식하러 나가면서 "오늘 뭘 먹고 싶으냐?"하고 물으시는 것처럼 저에게 다정하게 물으셨습니다. 이것은 흡사 야곱에게 "무엇을 원하느냐?"(창 32:22-29), 일천 번제 후 솔로몬에게 "무엇을 줄꼬?"(왕상 3:5), 엘리야가 엘리사에게 "네게 어떻게 할지를 구하라"(왕하 2:9)라고 물으시고, 야곱에게 축복을, 솔로몬에게 지혜를, 엘리사에게 능력을 주셨던 것처럼, 하나님은 저에게 다가오셨습니다.

제 인생에서 가장 중요한 하나님과의 만남은 30세에 신학의 부르심에 응답하고 회사에 사표를 낸 후 앞날이 막막하던 때였습니다.

청계산 기도원의 산기도 시절이 수십 년 지난 오늘날도 간혹 그리워질 때가 있습니다.

어느 날 교회에서 월요일 밤 혼자 철야기도를 하던 중 하나님께서 찾아오셨습니다.

"축복을 줄까? 능력을 줄까?"저는 '두 가지 다 주세요'라고 말씀드렸습니다. 하나님께서는 "그건 곤란한데..."하시며 사라지셨습니다. 그 날 이후 하나님의 내적 음성의 의미를 찾고자 애를 썼습니다. 저는 하나님께 부여받은 은사와 능력을 깨닫고부터 정리하기까지 5년 이상의 시간이 걸렸고 많은 분의 도움과 지도를 받았습니다.

성령론에 대한 책자는 많기도 하고 훌륭한 책들도 적지 않다고 생각합니다. 하지만 성령의 은사 부분은 다소 미흡하다고 느끼던 차에 부족하지만 은사에 관한 성경 지식과 경험, 그리고 먼저 은사와 능력을 받은 분들의 사사(師事)와 사숙(私淑)을 통해 배웠던 것을 공유해 보고

Now I am in charge of Chairman of Counter-plan Committee for Stamping Out Heresy of Daejeon Holy City Movement. I have thought it to be impatient to see that the misuse and ignorance about spiritual gifts caused the disunion and hurts in the church circles. The misinterpretation of trinitarianism, the doctrine of salvation, and Christianity are obviously heresies. A certain heresy interprets pneumatology at will. At present the number of churches or parties in which the dispute of heresy is going on in Korea is around five hundred. Not all of the parties, which have the wrong doctrines, are heresies.

In my opinion, the criteria of heresy are based on the following three points.

(1) I guess it is very important for us to demand the church or party, which interprets trinitarianism in the wrong way, to straighten out their wrong doctrines. In case we obscure the issue in our generation, next generation will thoughtlessly accept the wrong doctrine, and then the truth of Christianity will become blurred. This phenomenon has brought about the atmosphere that Christians accept the love of the same sex. With relation to this, the right indication for them is essential.

(2) The motivation for writing this book is to prevent the church circles or denominations from disputing against the criticism of spiritual gift through presenting the biblical standard prior to making an unconditional denial of it. To make a wrong approach to doctrines does not always deserve to be condemned as heresy. Although we feel that the correct indication is keenly necessary for the unchangeable doctrines for this and the next generations to come, we need to fight the good fight against the powers of

싶었습니다.

저는 현재 대전성시화 이단대책위원장을 맡고 있습니다.

간혹 안타까운 것은 은사에 대한 오용과 무지가 교계를 분열케 하고 서로에게 상처를 주는 모습을 자주 보아왔습니다. 삼위일체, 구원론, 기독론을 잘못 건드리면 분명히 이단입니다. 어떤 이단은 성령론을 멋대로 해석합니다. 현재 국내에 이단 시비가 있는 교회나 단체는 500곳 정도 됩니다. 상당수가 잘못된 교리를 부분적으로 가지고 있지만 이단 사이비로 보기에는 무리인 단체가 많이 있습니다.

제가 아는 이단의 기준은 세 가지입니다.

(1) 삼위일체 교리에 대해 잘못 이해하는 교회나 단체에 대해 이단 정죄 및 올바른 시정을 철저히 촉구하는 것은 중요하다고 생각합니다. 그 이유는 당대에 흐지부지 하면, 다음세대는 분별을 잃고 잘못된 것도 수용하여 기독교 진리가 흐려지기 때문입니다. 그런 현상이 동성애까지 인정하는 분위기로 흘렀습니다. 그런 점에서, 올바른 지적이 필요합니다.

(2) 이 책을 출판하게 된 경위는 적어도 은사에 대한 무조건적 거부감에 앞서서 성경적 기준을 제시함으로 은사로 말미암은 교계나 교단의 분쟁을 막아 보고자 함입니다. 교리에 대한 잘못된 접근을 모두 이단이라고 정죄할 수는 없습니다. 바른 지적이 당대나 후대에 변질되지 않는 교리를 위해 절실하지만, 설득과 교정의 여지를 두고 힘을 모아 마귀를 대적하는 선한 싸움을 싸워야 하기 때문입니다.

the devil in an affordable manner of persuasion and correction.

(3) The final motivation of writing this book is to be of help for those who look on themselves as a spiritual gift receiver or who attacks them, because they need the base of concrete biblical knowledge.

I do wish that the kingdom of God will be expanded through the understanding, use and development of the right spiritual gifts.

For God's Glory

Shim, Sang-hyo, Author

(3) 은사자를 자처하는 분이나, 은사자를 공격하는 분도 보다 구체적 인 성경적인 지식의 토대가 필요하다고 느껴져서 여기에 대한 도 움을 드리고자 글을 쓰게 되었습니다.

바른 은사의 이해, 사용과 개발을 통해 하나님 나라가 확장되길 소원합니다.

하나님의 영광을 위하여

저자 심상효 드림

<참고문헌>

강요셉. 『축귀 백전백승』. 예찬, 2012.

공자. 『논어』. (제7편 술이(述而)편)

그말씀. 『믿음(구약편)』. 두란노, 2009.

『믿음(신약편)』. 두란노, 2009.

『믿음(히브리서. 11장편)』. 두란노, 2009.

김기원. 『지혜롭게 살아라』. 성지. 1999.

김기태. 『환상과 영혼의 불멸성』. 문원, 1997.

김문혜 주영 공저. 『음악치료는 울림다리』. 삶과 꿈, 2003.

김삼환. 『구역장교육1,2』. 실로암, 2000.

대한예수교장로회 총회. 『헌법』. 한국장로교출판사, 2014.

박정렬. 『성령신학』. 예인, 1997.

이동원. 『이렇게 사랑하라』. 나침반, 2000.

이영돈. 『마음(Investigating the Mind)』. 예담, 2006.

전가화. 『성령신학』. 한국교회 영성원, 1990.

『진정한 영성』. 은혜사, 1993.

『하나님이 세우는 지도자』. 한국교회영성원, 1993.

정원. 『하늘의 권능이 임하는 부르짖는 기도 1-2권』. 영성의 숲, 2013.

정태기. 『아픔·상담·치유』. 상담과치유, 2003.

정태기외 12인 공저. 『치유기도문』. 청우, 2005.

조성노. 『현대신학개관』. 카리스마, 1999.

조용기. 『4차원의 영적세계』. 서울말씀사, 1996.

『성령론』. 서울믿음사, 2005.

『잠언강해상하』. 서울말씀사, 2002.

크리스티김.『인생의 응어리를 풀라』. 규장, 2011.
홍영기.『성령사역 class』.교회성장연구소, 2008.
황승룡.『성령론』. 한국장로교출판사, 1999.
Chavda, M. The Hidden Power of Prayer & Fasting. 큰믿음출판번역팀,『기도와 금식의 놀라운 권능』. 큰믿음출판사, 2010.
Hagin, K.E. Healing Scriptures. 김진호역,『병을 고치는 하나님의 말씀』. 믿음의말씀사, 2007.
I believe in Vision. 김진호역,『나는 환상을 믿습니다.』. 믿음의 말씀사, 2007.
The Believer's Authority. 김진호역,『믿는자의 권세』. 믿음의 말씀사, 2012.
The Real Faith. 김진호역,『진짜믿음』. 믿음의 말씀사, 2007.
What Faith Is. 김진호역,『믿음이란 무엇인가』. 믿음의 말씀사, 2007.
Pink, A.W. The Hero in Faith. 정제순역,『믿음의 영웅들』. 1990.
Savary,L.M. Dream and Spiritual Growth. 정태기역,『꿈 내 마음의 거울』. 크리스챤치유목회연구원, 2007.
Shannon, D.『understanding Brings Healing Manual』. Christian Coach and Counselling, 2011.
Torray, R.A. THE BAPTISM WITH THE HOLY SPIRIT. 이용복역,『성령 세례 받는 법』. 규장, 2006.
Wagner,P.C. Your Spiritual Gifts Can Help Your Grow. 권달천역,『성령의 은사와 교회 성장』. 생명의 말씀사, 2002.
Warren, R. THE PURPOSE DRIVEN CURRICULUM.(Vol.1-4). 김성수역,『목적이 이끄는 양육』.(1-4권). 국제 제자훈련원, 2007.
성경 및 성구사전
『개역개정판(한영해설성경)』. 아가페, 2011.
『개역성경』
『8개 대조 신약성경(8 translations of the New Testament)』. 가나안말

씀사, 1989.
『Bible Concordance』. 성구대사전. 혜문사, 1970.
『Holy Bible(New International Version)』. International Bible Society, 1984.

Bibliography

Chavda, M. The Hidden Power of Prayer and Fasting, Keunmideum Chulpansa, 2010.

Cho, Yong-ki. Sachawoneui Yeongjeok Segye [Four-dimensional Spiritual World], Seoul Malsseum-sa, 1996.

___________________. Seongnyeong-non [The Theory of the Holy Spirit], Seoul Mideum-sa, 2005.

___________________. Jameon Ganghae Sang-ha [An Exposition of Proverbs Vol. 1-2], Seoul Malsseum-sa, 2002.

Daehan Yesugyo Jangno-hoe, Heonbeop [The Constitution], Hanguk Jangnogyo Chulpansa, 2014.

Geu-malsseum [The Words]. Mideum [Faith] (Volume of the Old Testament), Duranno, Seoul, 2009.

_________________. Mideum [Faith] (Volume of the New Testament), Duranno, Seoul, 2009.

_________________. Mideum [Faith] (Hebrews, Chapter 11), Duranno, Seoul 2009.

Gongja [Confucius]. Noneo [The Analects of Confucius] The Seventh Chapter Suri-pyeon

Hagin, K.E. Healing Scriptures translated by Kim, Jin-ho, Mideumeui Malsseum-sa, 2007.

__________________. I Believe in Vision, translated by Kim, Jin-ho, Mideumeui Malsseum-sa, 2007.

__________________. The Believer's Authority translated by Kim, Jin-ho, Mideumeui Malsseum-sa, 2007.

__________________. The Real Faith translated by Kim, Jin-ho, Mideumeui Malsseum-sa, 2007.

__________________. What Faith Is translated by Kim, Jin-ho, Mideumeui Malsseum-sa, 2007.

Hong, Young-gi. Seongnyeong-sayeok [The Works of the Holy Spirit], Gyohoe Seongjang Yeongu-so, 2008.

Hwang, Seung-ryong. Seongnyeong-non [The Theory of the Holy Spirit], Hanguk Jangnogyo Chulpansa, 1999.

Jeon, Ga-hwa. Seongnyeong-sinhak [The Theology of the Holy Spirit], Hanguk-gyohoe Yeongseongwon, 1990.

__________________. Jinjeonghan Yeongseong [Authentic Spirituality], Eunhye-sa, 1993.

__________________. Hananimi Seun Jidoja [Leaders Appointed by God], Hanguk-gyohoe Yeongseongwon, 1993.

Jeong, Gi-tae, et al. Chiyu Gidomun [Prayer of Healing], Cheongwu, 2005.

Jeong, Tae-gi. Apeum, Sangdam, Chiyu [Pain, Counseling, Healing], Sangdamgwa Chiyu, 2003.

Jeong, Won. Haneurui Gwonneung-i Imhaneun Brujitneun Gido 1-2 [The Prayers Which Heavenly Power Comes Upon Vol. 1-2], Yeongseong-eui Sup, 2013.

Jo, Seong-no. Hyeondae Sinhak Gaegwan [An Outline of Modern Theology], Charisma, 1999.

Kang, Yo-sep. Chukgwi Baekjeon-baekseung [Driving Demons Out An Ever-victorious] Yecheon, 2012.

Kim, Christie. Insaeng-eui Eung-eorirul Pula [Solve the Bitter Feeling of Life], Gyujang, 2001.

Kim, Gi-tae. Hwansang-gwa Yeonghoneui Bulmyeolseong [The Immortality of Vision and Soul], Munwon, 1997.

Kim, Gi-won. Jiheropgye Sarara [Live Wise], Seongji, 1999.

Kim, Mun-hye, Ju, Young co-authored, Eumakchiryoneun Wulimdari [Music Healing is Ringing Bridge] Samgwa Kkum, 2003.

Kim, Sam-whan. Guyeokjang Gyoyuk 1-2 [The Teaching of District Leaders Vol. 1-2] Siloam, 2000.

Lee, Dong-won. Ireotke Saranghara [Love This Way], Nachimban, 2000.

Lee, Young-don. Maeum [Investigating the Mind], Yedam, 2006.

Park, Jong-yeol. Seongnyeong-sinhak [The Theology of the Holy Spirit], Yein, 1997.

Pink, A.W. The Hero in Faith translated by Jeong, Jesun, 1990.

Savary, L.M. Dream and Spiritual Growth translated by Jeong, Gi-tae, Christian Chiyu Mokhoe Yeon-gu-won, 2007.

Shannon, D. Understanding Brings Healing Manual, Christian Coach and Counseling, 2011.

Torrey, R.A. The Baptism with the Holy Spirit translated by Lee, Yong-bok, Gyujang, 2006.

Wagner, P.C. Your Spiritual Gifts Help You Grow translated by Kwon, Dal-cheon, The Word of Life Press, 2002.

Warren, R. The Purpose-Driven Curriculum (Vol. 1-4) translated by Kim, Seongsu, Gukje Jeja Hulyeon-won, 2007.

*The Bible and Scriptural Dictionary

Bible Concordance, Hyemun-sa, 1970.

Eight Translations of the New Testament, Canaan Malsseum-sa, 1989.

Holy Bible (NIV), International Bible Society, 1984.

Revised Edition of the Bible, Agape, 2011.

Revised Version of the Bible.

"온갖 좋은 은사와 온전한 선물이 다 위로부터 빛들의 아버지께로부터 내려오나니 그는 변함도 없으시고 회전하는 그림자도 없으시니라"(야고보서 1장 17절)

Every good and perfect gift is from above, coming down from the Father of the heavenly lights, who does not change like shifting shadows.(James 1:17)

망망한 바다 한가운데서 배 한 척이 침몰하게 되었습니다.
모두들 구명보트에 옮겨 탔지만 한 사람이 보이지 않았습니다.
절박한 표정으로 안절부절 못하던 성난 무리 앞에 급히 달려 나온 그 선원이
꼭 쥐고 있던 손바닥을 펴 보이며 말했습니다.
"모두들 나침반을 잊고 나왔기에 … "
분명, 나침반이 없었다면 그들은 끝없이 바다 위를 표류할 수밖에 없을 것입니다.

삶의 바다를 항해하는 모든 이들을 위하여 우리는 그 나침반의 역할을 하고 싶습니다.
우리를 구원하신 위대한 주 예수 그리스도를 널리 전하고 싶습니다.

"하나님은 모든 사람이 구원을 받으며
진리를 아는 데에 이르기를 원하시느니라"
(디모데전서 2장 4절)

10가지 초월적 은사
The Ten Transcendental Spiritual Gifts

지은이 | 심상효 목사
옮긴이 | 문정일 장로
발행인 | 김용호
발행처 | 나침반출판사

제1판 발행 | 2016년 4월 5일

등　록 | 1980년 3월 18일 / 제 2-32호
주　소 | 157-861 서울 강서구 염창동 240-21 블루나인 비즈니스센터 B동 1607호
전　화 | 본사 (02) 2279-6321 / 영업부 (031) 932-3205
팩　스 | 본사 (02) 2275-6003 / 영업부 (031) 932-3207
홈페이지 | www.nabook.net
이 메 일 | nabook@korea.com / nabook@nabook.net

ISBN　978-89-318-1511-5
책번호　다-1428

값은 뒷표지에 있습니다.